AF401818

L'ALCORAN

DE

LOUIS XIV.

OU LE

TESTEMENT

POLITIQUE

DU

Cardinal Jules Mazarin.

Traduit de l'Italien.

ROMA,

In Casa di Anthonio Maurino
Stampatore.

M DC. XC V.

L'ALCORAN

DE

LOUIS XIV.

OU LE

Testament Politique du Cardinal Jules Mazarin.

DIALOGUE

Sur les affaires du tems, entre le Pape Innocent XI. & le Cardinal Jules Mazarin.

L'EMINENTISSIME CARDINAL ODES-CALCHY, Natif de Come dans le Milanois, fut élû Pape en l'année 1676. aprés la mort de Clement X. sous le titre d'Innocent XI. Il a vécu ennemi irreconciliable de la France jufques au 12. d'Août, qui a été le dernier jour de fa vie, aprés 13. années de Pontificat. Alexandre VIII. ci-devant Cardinal Ottoboni, d'une Illuftre Maifon de Venife, lui fucceda le 6. d'Octobre 1689.

TRES-EMINENT SEIGNEUR MESSIRE JULES MAZARINI Cardinal de la Sainte Eglife Romaine, Duc de Mayenne, ci-devant Chef de tous les Confeils de trés-haut, trés-excellent, & trés-puiffant Prince **LOUIS XIV.** par la grace de Dieu Roi Trés-Chrêtien, de France & de Navarre, mourut au Bois de Vincennes entre deux & trois heures aprés midi le 7. de Mars de l'année 1661.

I N N O-

INNOCENT XI.

Rencontrant le Cardinal Mazarin sur les bords du fleuve Stix, lui parle ainsi.

Mazarini, Mazarini, est-ce vous que je vois dans ces sombres lieux? Ne me trompe-je point, non, c'est lui-même; le voici qui vient à moi.

MAZARIN.

Chi sei vostra signoria; Qui étes vous?

INNOCENT XI.

Il santissimo Padre Odescalchy, Innocentio XI.

MAZARIN.

O! il patrone, Santissimo Padre Innocentio XI. O! maraviglia; ô merveilles; ma è egli vero; mais est-il bien vrai?

INNOCENT XI.

Si Signore, per certo.

MAZARIN.

Ha! Santissimo & benevolo Padre Odescalchy, ben venuto,

 soyés

foyés donc le bien venu, dans ces Contrées noires. Il y a prés de 30. ans que je vous attends, avec l'impatience du plus malheureux de tous les damnez.

INNOCENT. XI.

Per Dio. Il s'eſt bien paſſé des choſes à Rome depuis vôtre depart du Bois de Vincennes : Car Clement X. que vous avez connu, & qui étoit de vos bons amis, ayant laiſſé par ſa mort la Chaire Apoſtolique vacante, je fus élû pour lui ſucceder, ſous le nom d'Innocent XI. Mais ce ne fut pas ſans de grandes difficultez, par les Cabales des Cardinaux François, qui prevoyant bien que j'aurois juſques au tombeau le cœur Italien, firent rage contre moi ; *ma ripentimento*, mais je les en ai bien fait repentir du depuis. Enfin j'ay
quit-

quitté Rome & laiſſé au pro-
chain Conclave le ſoin de m'é-
lire un ſucceſſeur : *Piaccia a
Dio,* que ce ſoit quelque homme de bien, & ſurtout ennemi de la France pour le bien
de l'Egliſe. Je n'en connois
point de tous nos Confreres de
plus propre, ni de plus capable qu'Ottoboni. Je l'ai in-
ſtruit de ce qu'il devoit faire
aprés ma mort, & même je
l'ay recommandé aux Cardinaux des factions Italienne &
Eſpagnolle; ainſi je ne doute
point qu'il ne ſoit élû; *piaccia
a Dio,* Dieu le veuille pour le
bien de la Chrêtienté, car c'eſt
uno * *huomo dà bene.*

M A Z A R I N.

Je vous prie, qu'a-t-on dit de
moi dans le monde, aprés mon
depart.

I N N O C E N T X I.

Ce que l'on a dit de vous?

A 4

que

* *Homme de bien.*

que la France, pour laquelle
vous vous étes tué, pour la rendre la plus puiſſante & la plus
redoutable de toutes les Monarchies, avoit enfin des grandes obligations à Meſſieurs
* Guenaut, Valot, Brayer &
de Fourgerais qui vous ont de-
pêché dans ces bas lieux par
leur Opium & leur vin Emeti-
que. Et comme vous étiez à la
gonie, & que la mort frapoit
à vôtre porté, les Pariſiens de
vos meilleurs amis diſoient hautement que le Diable étoit au
Bois de Vincennes où il ſe
mouroit. Si vous n'étez pas
content de cela, je vous apren-
drai encore, que l'on diſoit
par toute la France, qu'il y auroit eu plus de quatre jours,
che il Diavolo, auroit emporté
vôtre Eminence, mais qu'il ne
ſçavoit par où la prendre *per la
fetore*, tant elle püoit. MA-

* *Les quatres Medecins qui l'ont traité.*

M A Z A R I N.

Olà franchezzi rinegatores &
maleditti ! hô! ingrats que vous
étes ; que feriés-vous devenus
fans moi & fans les rufes Italien-
nes:Que n'ai-je pas fait pour rendre vôtre Monarchie floriffan-
te, & la porter au haut deg,é
d'élevation auquel elle eft par-
venuë. Aprés la mort de Loüis
XIII. de glorieufe memoire ,
l'on m'apelle en France : Le
Cardinal de Richelieu me veut
avoir à toute force ; me charge malgré moi des affaires du
Royaume, d'un Miniftere auffi
laborieux que l'étoit celui d'u-
ne Monarchie dechirée par
mille factions, & chancelante
par des guerres civiles d'autant plus difficiles à étouffer ,
qu'elles étoient fomentées par
les premiers Princes du Sang &
les plus grands Seigneurs du
A 5   Royau-

Royaume. A-t-on jamais vû de plus péſant fardeau à porter que celui d'une Minorité auſſi difficile à gouverner , que l'a été celle d'un jeune Prince dont la conduite m'avoit été donnée ; d'une Reine Mere affligée & deſolée par mille malheurs accablants , qui furent les funeſtes ſuites d'une mort auſſi peu attendüe que le fut celle de Loüis XIII. Aprés cela les François ingrats ont ils ſujet de me charger d'outrages & de maledictions.

INNOCENT XI.

Ma piano & ſenza parole Mazarino. Mais diſons les choſes ſans emportement Mazarin ; avez vous oublié que nous ſommes ſur les bords du Stix, au milieu des vapeurs püantes & humides de ce fleuve infernal , contraires aux échauf-

(11)

échauffemens de bile. Que di-
rez-vous? si je vous aprends les
Epitaphes que l'on fit aprés vôtre mort, pour immortalifer
vôtre memoire, & que l'on
grava fur vôtre tombeau en lettres dorées; les voici.

*Julius occubuit tandem; res
mira tot inter
Carnifices, furem vix potuiffe
mori.*

Autre.
*Ci gift l'Eminence deuziéme,
Dieu nous garde de la troifiéme.*

Enfin je n'aurois jamais fait,
fi je voulois raporter tout le
bien que l'on a dit de vous.

M A Z A R I N.
Senza dubio, il faut advoüer
che lo Franchezzi, font une nation bien maudite & bien deteftable.

INNOCENT XI.

Si Signore Mazarino, & je ne
l'ay que trop éprouvé pendant
les seize années de mon Pontificat; car il se féroit un gros
volume des crüautez & des de-
plaisirs que la France ma fait,
mais je lui pardonne en bon
Chrêtien.

MAZARIN.

Santissimo Padre Odescalchy,
s'il falloit ajoûter foi à tous les
bruits desavantageux à nôtre
reputation qui se repandent
dans le monde, que n'a-t-on pas
dit de vôtre Sainteté touchant le
commerce qu'elle a entretenu
avec la Reine Cristine, pendant
le séjour qu'elle a fait à Rome.
J'ay apris moi-même de la bouche de quelques-uns de nos Italiens, qui en ont porté les premieres nouvelles dans ces tene-
breuses Contrées, que ce n'é-
toit

toit pas l'amour, ni le zelle que
cette Princeſſe avoit pour la
Religion Romaine qui lui
échauffoit le cœur, & qui l'a-
voit portée à quitter la Couronne & à la remettre entre les
mains de Charles Guſtave
Prince Palatin, ſon couſin
& ſon ſucceſſeur, mais plûtôt
que les Suedois apprehendant
que leurs femmes ne ſuiviſſent
l'exemple impudique de cette
Princeſſe, l'obligerent à deſ-
cendre du Trône, ce qui la
porta à aller paſſer le reſte de
ſes jours à Rome, dans la veuë
qu'elle avoit, que la luxure ne
paſſant pas dans cette Ville
pour un vice, mais ſeulement
pour une galanterie, elle pouvoit ſans ſcandale ſatisfaire à
ſes plaiſirs; ce qui fit dire à Paſ-
quin, *Regina Senza regno, Re-*
gina ſenza Vergogna, & Chriſtina
ſenza fede.   I N-

INNOCENT XI.

O! la abominatione, O! la mali-
tia di Rinegatores. Ceux qui pro-
noncent de semblables blasphemes font des insignes calomnia-
teurs, dignes d'éprouver les
plus terribles foudres du Vatican. C'est un fait reconnu de
toute la Terre, que cette pieu-
se Reine se demit volontaire-
ment de la Couronne en faveur
de Charles Gustave, & qu'elle
n'y fut portée que par un pur
zelle de pieté & de veneration,
qu'elle avoit conçû pour la Religion Romaine. La vie exem-
plaire qu'elle a menée pendant
tout le séjour qu'elle a fait à
Rome en fait foi, & j'en ai été
moi-même le témoin occulai-
re aussi-bien que tous les Cardinaux nos Confreres. J'ajoûte
à cela que depuis les premieres
années de ma jeunesse, que j'ai
paffé

paſſé dans les charges de la guerre, pour être élevé à la pourpre, je n'ai plus reſſenti aucune des foibleſſes humaines, qui portent les hommes à des commerces criminels : Outre que je puis dire ſans vanité, que la temperance n'a pas été uſe des moindres vertus, qui m'ont fait devenir le ſucceſſeur de Clement X.

MAZARIN.

Quoi qu'il en ſoit, on nous la ainſi debité, & toute la Cour Infernalle en eſt plaine. Outre cela on nous a voulu faire ac-croire que vous étiez devenu bon Moliniſte, Quietiſte, & Janſeniſte, & que ces nouvel-les Sectes avoient ſi fort la vo-gue dans Rome, qu'il y avoit peu de nos Cardinaux qui n'en fuſſent tâchez, ſuivant l'exemple du Chef de l'Egliſe,

à quoi

à quoi j'ay d'autant plus aife-
ment ajoûté foi, que c'eft Colbert qui me l'a apris. Il paſſa
la barque de Caron en 1683.
l'ayant rencontré fur le rivage
du Stix, il m'aprit bien des
chofes furprenantes que j'avois
ignoré.

INNOCENT.

Quefto monſtro, ce deteftable
Maltotier, l'horreur du genre
humain & le fleau de fa nation, ne fairoit-il pas mieux
de fe mêler des impôts dont il
a ruiné la France que des affaires de Rome ; il fuffit qu'il foit
François pour être mon mortel ennemi. Michel Molinos
Prêtre Efpagnol, natif d'Ara-
gon, s'étant d'abord acquis
dans Rome beaucoup de reputation, par quelques ouvrages
qu'il mit au jour, & qui étoient
comme les avancoureurs de fa
doctri-

doctrine pernicieuse, conte-
nant soixante huit propositions. Toute la Chrêtienté
sçait les soins que je pris pour
arrêter les progrés de cette
heresie naissante. Je la fis examiner dans la congregation generalle de l'Inquisition, où je
fus present avec tous les Cardinaux, & par le Decret qui fut
rendu le 28. d'Août de l'année
1692. la doctrine de cet Impos-
teur fut condamnée, comme
heritique, scandaleuse & blas-
phematoire. Je n'en demeurai
pas là, car ayant fait saisir tous
ses Ecrits & ses livres, je les fis
bruler par la main du boureau :
Et je lui fis abjurer publique-
ment ses erreurs sur un échaf-
fau que je fis élever devant l'E-
glise des Dominicains. Ensuite dequoi cet infame heretique
fut condamné à une prison perpetuelle, où je l'ay fait crou-

B   pir

pir depuis l'année 1687. jufques
en 1692. qui fut la derniere de
fa vie. Il eft vrai qu'il étoit
tems d'étouffer cette hidre naif-
fante , parce que tout Rome
& toute l'Efpagne étoient à la
veille de devenir Quietiftes.
Et je m'étonne qu'ayant paffé
la barque il y a prés de trois années, il n'ait point encore pa-
ru fur les bords du Stix. Je fuis
perfuadé que fi le pauvre Efpagnol avoit rencontré vôtre
Eminence , il lui eut avoüé
que j'avois été fon plus grand
ennemi.

M A Z A R I N.

Si l'affaire eft ainfi , on nous
a debité faux : Mais que dira
vôtre Sainteté , pour fe juftifier du commerce qu'on veut
qu'elle ait entretenu avec le
Docteur Arnaud, & fes difciples: Toute la Cour Infernalle
en eft fi convaincüe, que l'on ne
fait

fait point de difficulté de vous appeller le Pere des Janseniftes.

Innocent XI.

Ces faux bruits qui ne partent que de la haine, & de l'animofité que la France a conçûë contre moi, & qu'elle a affecté de faire éclater pendant tout le cours de mon Pontificat, ne font pas mieux fondés, que lorfqu'on m'a voulu faire paffer pour Molinifte & Fauteur des hérétiques. Loüis XIV. a même voulu que je fuffe à fon égard plus méchant que Jules II. ou que Gregoire IV. qui vouloit excommunier tous les Evêques de France, s'ils ne confentoient à ce qu'il fe rendit arbitre des demelés furvenus entre Louïs le Debonnaire & fes enfans. La France veut & a publié par toute la Chrêtienté qu'au lieu d'empêcher le progrés des nouvelles opinions, j'ay entretenu, toút le tems que j'ai été affis fur la Chaire de S. Pierre, commerce avec tous ceux qui s'étoient declarés ouvertement Difciples de Janfenius, *dont mes Predeceffeurs ont condamné la Doctrine ; que je les ai-même comblé de mes graces, fait leur éloge, & que je me fuis declaré leur protecteur ; & que lors qu'il s'eft agi d'étouffer dans leur naiffance les erreurs Quiétes, l'on ma vû à cet égard dans une efpece d'affoupiffement & de letargie. Quoi qu'il en foit nos Docteurs Ultramontains font bien perfuadés du contraire, & quand au refte ce n'eft pas à un Prince temporel, ni au fils aîné de l'Eglife de venir fouïller dans le fein de fa mere les fecrets du cœur du Lieutenant de J. Chrift. Il n'en eft ref-

* *Arrêt du Parlement rendu en 1689.*

responsable qu'à Dieu seul qui la revêtu d'une puissance & d'une autorité qui le mêt au dessus de tous les Rois & Princes temporels.

MAZARIN.

Mio santissimo Padre Odescalchy, Je vous prie aprenez moi quelque nouvelle qui me réjoüisse un peu & qui me tire *uno poco de la nigra melanconia*, & des peines infernalles qui m'accablent, & qui me tourmentent cruellement depuis l'espace de 29. années que j'ay quitté le bois de Vincennes.

INNOCENT XI.

Si ce qui se passe parmi les Mortels est capable d'alleger vos souffrances, je consens de bon cœur à vous en faire le recit ; mais comme je n'ay que des choses funestes à vous dire, si vous n'étiez aussi bon Machiaveliste que vous l'avez été,

J'ap-

J'apprehenderois par là d'augmenter vos peines, bien loin
de les adoucir ; mais comme
les malheurs & les defordres de
la vie humaine vous ont durci
le cœur , & que d'ailleurs je
ne vous raporterai que des évenemens dont vous avez été le
principal ouvrier ; cette confideration me fait efperer que
vous ne ferés pas fâché, qu'on
vous aprenne que les Memoi-
res que vous avez laiffé à la
Cour de France avant vôtre
depart , ont été executez de
point en point.

MAZARIN.

Santiffimo Padre, je fuis dans
une extreme impatience de
vous entendre, & vous ne fau-
riés me faire un plus grand
plaifir, que de m'aprendre l'é-
tat auquel vous avez laiffé la
Monarchie que j'ay pris tant
de foin d'élever, *& particolar-*
mente

mente figlio mio il Re che regna,
qui a été mon éleve, & pour
lequel j'ay confervé & confer-
ve encore des fentimens tous
particuliers d'amour & de ten-
dreſſe. Je fuis perſuadé que fi
la France ingrate me hait,
Loüis XIV. m'aime : Il m'en
a donné des marques fi éclatan-
tes dans les commencemens de
fon regne, qu'il n'a pas fait
difficulté de m'embraſſer mille
& mille fois, & de me dire de
bouche avec toute la reconnoiſſance imaginable, qu'aprés
Dieu, il me devoit la Couronne; Il m'appelloit *mio Padre*
& moi je l'appellois *mio figlio*.
La Reine Marie Thereſe ſa
Mere, d'heureuſe memoire, en
eſt le fidelle témoin; *Queſto ſa-*
puta Principeſſa, cette ver-
tueuſe Princeſſe, me faiſoit
l'honneur de m'aimer, & de
me confier tous les ſecrets de
B 4   ſon

fon cœur. Ainfi peu m'importe d'avoir encouru la haine des
fujets , pourvû que je fois affuré de l'amour du Prince.

INNOCENT XI.
Puifque vous le fouhaités. Je
vous dirai, que en quittant Rome j'ay laiffé toute l'Europe
en feu par une cruelle guerre
qui vient de s'y allumer , &
dont vous avez jetté les premieres femences par la conclufion de la paix des Pirennées.
Vous conclutes comme vous
favés cette paix en l'année
1659. & vôtre but fut de reconcilier les maifons d'Autriche &
de Bourbon en terminant par
là tous les differens qu'elles a-
voient enfemble, & qui avoient
donné lieu à plufieurs fanglantes guerres. Pour rendre cette Paix plus augufte & plus
inviolable, vous trouvâtes bon
d'allier ces deux maifons , d'où
s'en-

s'enfuivit le Mariage du Roi
Tres-Chrêtien Loüis XIV.
avec la Sereniſſime Infante Da-
me Marie Thereſe, fille aînée
du Roi Catholique. Ce Con-
traĉt de Mariage fut ſuivi d'u-
ne renonciation à tous les
droits que la Reine pouvoit
avoir ſur les Etats du Roi ſon
Pere en cas de mort. Voûs ſça-
vez auſſi que le Traité de Paix
fut ſuivi d'un aĉte autentique
de Ratification de la part de S.
M. T. C. conçû en ces termes. *Que Sa Majeſté s'étant fait
lire de mot a autre ledit Traité,
elle avoit celui en tous & chacun
ſes points & Articles agréé,
approuvé & ratifié, par ces pre-
ſentes ſignées de ſa propre main,
promettant en bonne foi & parole
de Roi, de l'accomplir, faire,
garder, & entretenir inviolable-
ment, ſans jamais aller, ni venir au contraire directement, ni*

B 5   indi-

indirectement, en quelque sorte & maniere que ce fut : Car tel étoit son bon plaisir. Voilà en abregé ce qui est aujourd'hui le fondement des malheurs qui bouleversent l'Europe, & dont on vous fait le principal Auteur.

M A Z A R I N.

Quale ingiustitia ! Quelle injustice! *ma in quale maniera,* mais en quelle maniere, & qu'ay je donc fait?

I N N O C E N T X I.

Ce que vôtre Eminence a fait? elle a attiré la haine & la malediction de toutes les autres nations sur les Italiens, qui sont considerez à present comme les plus grands fourbes & les plus méchans hommes, qu'il y ait dans le reste de l'Univers.

M A Z A R I N.

Mais comment cela? & sur quoi sont fondés tant de cruels outrages.

I N-

INNOCENT XI.

Comment? 1. En ce que par vos reſerves mentales vous avez porté le Prince dont vous étiés Regent & qui étoit ſous vôtre tutelle à ne rien tenir de tout ce qu'il avoit promis ; 2. en ce qu'il n'y a pas un ſeul article dans le Traité que vous veniés de conclure, dans lequel vous n'ayez fait entrer une des pernicieuſes maximes du deteſtable Machiavel, pour lequel vous avez inſpiré à vôtre Monarque dés ſa plus tendre jeuneſſe autant de veneration que les Turcs en ont pour l'Alcoran & pour leur grand Prophete Mahomet. Les ayant même dreſſées en forme de Catechiſme, vous les lui aviez fait aprēndre par cœur, & vous lui en faiſiez faire la repetition de tems en tems, ainſi qui ſuit.

 L'AL-

L'ALCORAN

DE

LOUIS XIV.

OU

Le Testament Politique du C.
Jules Mazarin, reduit en
forme de Catechisme.

D^{Emande.}
     M A Z A R I N.
Figliomio, en qui croyez vous ?
     L O U I S   X I V.
Réponse.
En Nicolas Machiavel Secretaire
& Citoyen de Florence.
     M A Z A R I N.
Qui étoit ce Nicolas Machiavel ?
     L O U I S   X I V.
Le Pere des Politiques, & celui
qui a apris aux Princes l'Art de bien
regner.

                M A-

M A Z A R I N.

Buono, fort bien. Que doit prem'erement favoir faire un Prince ?

L o u i s X I V.

* Un Prince doit fur toutes chofes favoir affecter d'être eftimé devot bien qu'il ne le foit pas.

M A Z A R I N.

Que doit favoir un Prince en fait de Religion ?

L o u i s X I V.

† Le Prince doit favoir foûtenir ce qui eft faux dans la Religion pourvû que cela tourne à fon avantage.

M A Z A R I N.

Que devint le monde quand on abandonna la Religion Payenne ?

L o u i s X I V.

‡ Quand on delaiffa la Religion Payenne, le monde devint tout corrompu, & ne craignit plus ni Dieu, ni Diable.

M A Z A R I N.

Qu'a caufé la Religion Romaine ?

L o u i s X I V.

§ L'Eglife Romaine eft caufe de toutes les calamitez d'Italie.

M A-

---

* *Chap.* 18. *du Prince.*
† *Difcours li* 1. *Ch.* 12. 13. 14.
‡ *Difcours li.* 1. *Chap.* 12.
§ *Difcours liv.* 1. *Chap.* 12.

M A Z A R I N.

Comment Moyſe s'eſt-il fait obéir?

L o u i s X I V.

* Par les armes, & il n'auroit jamais pû faire obſerver ſes ordonnances autrement.

M A Z A R I N.

Par qu'elle voye Moyſe fit-il ſes conquêtes?

L o u i s X I V.

† Par l'uſurpation, car il uſurpa la Judée, comme les Goths uſurperent une partie de l'Empire Romain.

M A Z A R I N.

Que doit faire une Prince pour être toûjours en guerre?

L o u i s X I V.

‡ Pour faire qu'un Prince ait lieu de ne point faire de paix avec ſes Ennemis, il faut qu'il uſe à leûr égard de quelque outrage ſanglant.

M A Z A R I N.

Qu'elle doit être la Politique d'un Prince à l'égard d'un Païs nouvellement conquis?

L o u i s

* *Chap. 9. du Prince.*
† *Diſcours li. 2. Chap. 8.*
‡ *Diſcours li. 3. Chap. 32.*

L o u i s X I V.

* Le Prince dans un Païs nouvellement conquis, doit abattre ceux
qui souffrent le plus dans la revolution qui a été faite, & exterminer le
sang & la race de ceux qui auparavant y dominoient.

M a z a r i n.

Que faut il faire, pour tirer vengeance d'un Païs?

L o u i s X I V.

† Pour se vanger d'un Païs, où d'u-
ne Ville sans coup ferir, il faut la
remplir de méchantes mœurs.

M a z a r i n.

Les Princes doivent-ils oublier les
offenses ?

L o u i s X I V.

‡ *Nò Signore.*

M a z a r i n.

Quel est le modelle qu'il faut se
proposer à imitter.

L o u i s X I V.

§ Le Prince se doit proposer à
imitter Cæsar Borgia * fils du Pape
Alexandre VI.

M a-

---

* *Chap. 3. du Prince.*
† *Disco li. 1. Ch. 55. & 2. Ch. 19.*
‡ *Chap. 7. du Prince Discours. li. 3. Ch. 4.*
§ *Chap. 24. du Prince.*
* *Fils batard d'Alexandre VI.*

MAZARIN.

Que doit faire le Prince pour se faire obéïr?

LOUIS XIV.

* Le Prince ne se doit point soucier de passer pour cruël, pourvû qu'il se fasse obeïr.

MAZARIN.

Qu'importe plus à un Prince?

LOUIS XIV.

† Il vaut mieux à un Prince d'être craint qu'aimé.

MAZARIN.

Le Prince doit-il faire fonds sur l'amittie de ses peuples?

LOUIS XIV.

‡ *No signore.* Non car le Prince ne se doit point fier à l'amittie des hommes.

MAZARIN.

De qu'elle ruse se faut-il servir, lorsqu'il s'agit de se defaire de quelqu'un?

LOUIS XIV.

§ Le Prince qui veut faire mourir quelqu'un doit chercher quelque raison apparente, & n'en sera blâ-
mé,

* *Chap. 17. du Prince.*
† *Chap. 17. du Prince.*
‡ *Chap. 17. du Prince.*
§ *Chap. 17. du Prince.*

mé, pourvû qu'il laiſſe les biens aux enfans.

MAZARIN.

La Crüauté eſt-elle loüable à un Prince?

LOUIS XIV.

* *Si Signore*, car la cruauté qui tend à bonne fin n'eſt point blamable.

MAZARIN.

Comment faut-il qu'un Prince ſe conduiſe en matiere de cruauté?

LOUIS XIV.

† Il faut qu'un Prince exerce cruauté tout à un coup & la clemence peu à peu.

MAZARIN.

Que doit imitter le Prince:

LOUIS XIV.

‡ Le Prince doit imitter le natuturel du Lion & du Renard, & ne point pratiquer l'un ſans l'autre.

MAZARIN.

Qu'elle eſt la conduite que doit tenir un habille Tiran?

LOUIS XIV.

§ Un habille Tiran, pour ſoûtenir

---

* *Diſcours. liv. 1. Chap.*
† *Chap. 17 du Prince.*
‡ *Chap. 18. 10. du Prince.*
§ *Diſcours liv. 2. Chap. 2. liv. 3. Chap. 30.*]

(34)

nir fa tirannie doit entretenir la di-
vifion parmi fes fujets, & faire mourir les amateurs du bien public.

M A Z A R I N.

Qu'eſt-ce qui fait plus eſtimer le
Prince, la vertu, ou le vice?

L o u i s X I V.

* Un Prince peut auffi bien être
haï par fes vertus, que par fes vices.

M A Z A R I N.

Que doit encore pratiquer le
Prince ?

L o u i s X I V.

† Le Prince doit toûjours affecter
de fe faire quelque Ennemi, afin que
venant à l'oprimer, il en foit eftimé
plus grand & plus redoutable.

M A Z A R I N.

Un Prince doit-il faire confcien-
ce de tromper & de manquer de foi ?

L o u i s X I V.

‡ Un Prince ne doit point faire
fcrupule de fe parjurer, de tromper ou
d'ufer de diffimulation : parce que
celui qui veut tromper, trouve toûjours quelqu'un qui fe laiffe tromper.

M A Z A R I N.

Qu'eſt-il encore neceffaire, de
favoir,

---

* *Chap.* 19. *du Prince.*
† *Chap.* 20. *du Prince.*
‡ *Difcours. li.* 2. *Ch.* 13. *& Ch.* 18 *du Prince.*

favoir, pour bien pratiquer cette maxime?

L o u i s X I V.

* Le Prince doit bien étudier l'efprit des hommes , pour les favoir tromper.

M a z a r i n.

Eft-il neceffaire à un Prince d'être doux & humain?

L o u i s X I V.

† Non; Car le Prince qui ufera de douceur & d'humanité, avancera fa ruine.

M a z a r i m.

Le Prince doit-il obferver la foi?

L o u i s X I V.

‡ Le Prince qui eft prudent ne doit point obferver la foi , quand l'obfervation lui en eft defavantageufe, & que les occafions, qui la lui ont fait promettre font paffées.

M a z a r i n.

Faut-il qu'un Prince foit fidelle, clement & liberal.

L o u i s X I V.

* *No fignore*, car la foi , la clemence , & la liberalité font des vertus

tus

* *Difcours liv. 1. ch. 42. & 18. du Prince.*
† *Difcours liv. 1. ch. 31.*
‡ *Chap. 18. du Prince, Difcours l. 3. ch. 42.*
* *Chap. 18. du Prince.*

tus fort préjudiciables à un Prince ;
mais il eſt bon, qu'il faſſe ſeulement
ſemblant de les avoir.

M A Z A R I N.

Que doit ſavoir encore le Prince
pour bien regner ?

L o u i s XIV.

† Le Prince doit avoir l'eſprit
adroitement habitué à la crüauté, l'in-
humanité & la perfidie, afin qu'il ſe
montre tel quand il eſt beſoin.

M A Z A R I N.

Que doit faire le Prince quand il
veut rompre la paix.

L o u i s X I V.

‡ Le Prince qui veut rompre la Paix
qu'il a promiſe & jurée à ſes voiſins,
doit fomenter la diviſion, & declarer la guerre à leurs Alliez.

M A Z A R I N.

Qu'eſt il encore neceſſaire au
Prince pour ſavoir s'accommoder au
tems ?

L o u i s X I V.

§ Le Prince doit avoir le cœur diſ-
poſé à tourner ſelon les vents & les
changemens de la fortune, & ſe ſavoir

---

† *Chap. 18. du Prince.*
‡ *Diſcours Pol. liv. 2. ch. 9.*
§ *Chap. 18. & 25. du Prince.*

voit servir du vice au besoin.

M A Z A R I N.

L'avarice est-elle méprisable en un Prince?

L O U I S X I V.

* Bien loin delà, qu'elle est loüable ; & la reputation d'être chiche est un deshonneur, peu capable de lui nuire.

M A Z A R I N.

Faut-il que le Prince fasse profession d'être homme de bien?

L O U I S X I V.

† *Nò Signore.* Car le Prince qui voudroit faire profession d'homme de bien, ne pourroit être de longue durée dans ce monde, en la compagnie de tant d'autres qui ne valent rien.

M A Z A R I N.

Comment le Prince doit il se comporter pour bien pratiquer cette maxime?

L O U I S X I V.

‡ Celui qui a toûjours porté le caractere d'homme de bien, & qui veut devenir méchant, pour parvenir à ses desseins doit colorer son

chan-

* *Chap. 8. & 16. du Prince.*
† *Chap. 15. du Prince.*
‡ *Discours l. 1. c. 42.*

changement de quelque raison appa-
rante.

M A Z A R I N.

Que doit pratiquer le Prince, pour
tenir ses sujets dans la soumission?

L O U I S X I V.

* Le Prince qui en tems de Paix
entretiendra la division parmi ses sujets, pourra par ce moyen en faire
ce qu'il voudra.

M A Z A R I N.

Les Guerres Civiles sont-elles utiles?

L O U I S X I V.

† Les dissentions & les Guerres
Civiles sont utiles, & ne sont point
à blâmer.

M A Z A R I N.

Quel est le moyen qui peut entretenir les sujets dans une parfaite
union?

L O U I S X I V.

* Le moyen d'entretenir des sujets en paix & en union, & de prevenir les revoltes & les guerres civiles,
est de les tenir dans la pauvreté.

M A-

---

* Ch. 20. du Prince.
† Discours liv. 1. c. 4.
* Discours li. 1. & 2. liv. 2. ch. 7. liv. 3. ch.
16. & 27.

M A Z A R I N.

Que doit faire le Prince pour s'af-
furer de ſes ſujets ?

L o u i s X I V.

† Le Prince qui craint ſes ſujets
doit bâtir des Fortereſſes dans ſes
Etats, pour les tenir dans l'obeïſſance.

M A Z A R I N.

A qui eſt - ce que le Prince doit
avoir plus de confiance ?

L o u i s X I V.

* Le Prince doit confier aux E-
trangers l'adminiſtration de ſes affaires, & ſe reſerver ceux dont la fortune depend de ſes bienfaits.

M A Z A R I N.

Que doit faire le Prince pour avoir
bonne Juſtice ?

L o u i s X I V.

§ Pour adminiſtrer bonne Juſtice, le Prince doit établir grand nombre de Juges.

M A Z A R I N.

Que faut-il faire pour tenir la No-
bleſſe de France dans la ſoumiſſion.

L o u i s

† *Diſcours liv. 2 ch. 24 & 20. du Prince.*
¶ *Chap. 7 & 14. du Prince.*
* *Diſcours liv. 1. ch. 7.*

L o u i s XIV.

† La Noblesse de France ruine-
roit le Royaume, si les Parlemens
ne la punissoient, & ne la tenoient
en bride.

M A Z A R I N.

Ne faut-il pas que le Prince se rende Maître de l'authorité des Cours
Souveraines & des Parlemens, s'il
veut être absolu dans son Royaume?

L o u i s XIV.

Si Signore.

M A Z A R I N.

N'est il pas permis à un Prince
pour s'agrandir de s'allier avec les
Infideles à la ruine de tous les autres
Princes Chrêtiens?

L o u i s XIV.

Si Signore.

M A Z A R I N.

*Figlio mio molto bene & con giudicio
ragiona;* mon fils c'est fort bien & sa-
gement répondu; *ricorda questo sempre?*

L o u i s XIV.

Si Signore.

I n n o c e n t XI.

Voila les detestables principes que
vous avez donné à ce jeune Prince,
& le

† *Discours liv. 3. ch. 12.*

& le modelle fur lequel vous avez
formé le fils aîné de l'Eglife ; & ce
n'eft pas une chofe étonnante fi aprés
cela il a attaqué le St. Siege, la de-
pouillé des droits, & des prerogatives dont il a joüi depuis tant d'années fous les regnes de fes Predeceffeurs de glorieufe memoire. On ne
dira pas aujourd'hui de Louïs
XIV. ce que l'on a dit de Pepin &
de Charlemagne, que ces Princes
ont comblé nos Papes de bienfaits,
qu'ils les ont afranchis de l'efclavage des Empereurs de Conftantinople, des Exarques de Ravennes &
des Rois des Lombarts qui les per-
fecutoient cruellement, les dete-
noient dans des prifons, ou les en-
voyoient en exil, jufques là que
nous tenons aujourd'hui de leur liberalité le Patrimoine de St. Pierre.
N'auroit-il pas mieux valu, au lieu
d'un Machiavel, faire lire à vôtre
Eleve un Philippes de Commines,
qui merite le titre de Prince des Hif-
toriens & dont les inftructions font
fi importantes que tous les Rois & les
Princes les devroient aprendre par
cœur, fuivant le confeil que le favant Lipfe donne à fon Prince en

          l'élo-

l'éloge qu'il a fait à cet autre Poly-
be : Car c'eſt à cet hiſtorien Grec
qu'il le Compare * *at Princeps noſter*,
dit-il *hunc legito*, *& Enchiridium Co-
minæus illi eſto ; Dignus Alexandris
omnibus hic Philippus*. Mais le St.
Siege ne s'eſt pas ſeulement reſſenti des maux dont cette mauvaiſe
éducation a été ſuivie : Toute l'Europe, tous les Princes , tous les
Etats ſouverains , & toutes les Republiques y ont eu part, comme nous
le fairons voir dans la ſuite.

Avant que de paſſer outre, nous
traçerons ici le modelle ſur lequel
vous deviez former vôtre jeune Monarque, bien different de celui ſur lequel vous l'avez formé , ainſi que
nous venons de le voir par la lecture de vôtre Teſtament Politique.

La premiere choſe que vous deviez donc faire pour bien inſtruire
vôtre Prince, étoit de lui inſinuer d'a-
bord de bonnes maximes, & de les
fortifier par des bons exemples :
Ainſi au lieu de lui faire lire un Machiavel, il falloit l'attacher à la lecture de l'Evangile comme dit † Eraſ-
me,

* *V. Notas ad lib. 1. Politic.*
† *In inſtitutione Principis Chriſtiani.*

me ; car celle-ci eſt la premiere & la principalle , où tout bon Chrétien ſe doit appliquer , & encore plus les Princes que les autres hommes, puiſ-que c'eſt à eux à donner à leurs ſujets des exemples de pieté & de vertu. Aprés cette lecture qui eſt le premier pas que doivent faire les Princes , vous lui auriez pû donner quantité d'autres Autheurs graves & ſerieux tant anciens que modernes , dont il auroit pû tirer pluſieurs maximes & inſtructions importantes, pour rendre ſon regne heureux & ſon Royaume floriſſant ; comme la lecture des livres de Platon, des Politiques d'Ariſtote , des Offices de Ciceron, de Oeuvres de Seneque, des Apophthegmes & des Morales de Plutarque ; & ſuivant l'advis de Meſſire Claude de * Scyſſel, de la Cyropedie de Xenophon, de l'Oraiſon de Ciceron en la loüange de Pompée, du Panegyrique de Trajan fait par Pline, du Prince attribué à St. Thomas d'Aquin, d'Egidius de Rome, & ſur tout de Philippes de Commines le Prince des Hiſtoriens François, ainſi que nous l'avons déja dit.　C 2　　　Mais

* *Monarch. Fr. part. 2. Ch. 2.*

Mais quoi qu'un Prince life des bon Autheurs, il doit encore fe fouvenir foigneufement du bon & fage advis qu'Erafme donne à fon Prince : Savoir qu'il fe propofe plûtôt de garder les bons preceptes politiques, & les actions moralles des hommes vertueux, dont il eft parlé dans les livres, que de vouloir imiter les exploits militaires d'un Achille, d'un Xerxes, d'un Cyrus, d'un Darius, d'un Alexandre, & de plufieurs autres femblables, que Seneque appelle quelque part *magnos & furiofos latrones*; comme * St. Auguftin appelle les Royaumes fans Juftice, *magna latrocinia.*

Aprés avoir ainfi infinué des bonnes maximes à vôtre jeune Prince par la lecture des bons Autheurs ; vous deviez lui propofer l'exemple des fages Princes qui ont regné, & qui ont été l'amour & les delices de leurs peuples, comme un Salomon, un Augufte, un S. Louis, & un grand nombre d'autres. Nous ajoûterons enfin que pour former un bon & fage Prince, il faut neceffairement lui donner trois freins qui tienent

en

* *Lib. 4. de Civit. Dei. C. 4.*

en bride fon Autorité & fa Puiſſance, ſavoir la Religion, la Juſtice &
la Police. Quand un Prince reglera
toute ſa conduite ſur ces trois
grands modelles, il eſt certain qu'il
ſera bon, ſage, & aimé de ſes ſujets. C'eſt là le ſentiment de Meſſire Claude de Seyſſel, dans ſa * Monarchie dediée au Roi François I.
Voici ſes propres termes. *Touchant
les trois freins dont j'ay parlé, par leſ-
quels, la puiſſance abſoluë du Prince
& Monarque (laquelle eſt appellée ti-
rannique, quand l'on en uſe contre raiſon) eſt refrenée & reduite à civilité:
& par ainſi eſt reputée juſte & tolera-
ble, & Ariſtocratique. Je dis dere-
chief que le Roi ne peut faire choſe plus
agreable à Dieu, plus plaiſante &
plus profitable à ſes ſujets, ne plus
honnorable & loüable à lui-même, que
d'entretenir leſdites trois choſes, par
leſquelles il acquiert nom de bon Roi,
de Trés-Chrétien, de Pere du Peuple,
de bien aimé, & tous autres tiltres que
peut acquerir un vaillant & glorieux
Prince. Et par le contraire dés qu'il ſe
deſvoye deſdites trois limites, & veut
uſer de volonté deſordonnée, il eſt tenu*

C 3 & re-

*& reputé mauvais Tyran, & cruel &
intolerable, dont il acquiert la haine
de Dieu & de ses sujets.*

* Et dans un autre endroit il ajoûte. *Le Roi & Monarque connoissant
que par le moyen des Loix & ordonnances, & loüables coûtumes de France concernant la Police, le Royaume est
parvenu à telle gloire, grandeur &
puissance que l'on void, & se conserve
& entretient en paix prosperité & reputation, les doibt garder & faire ob-
server le plus qu'il peut, attendu mé-
mement qu'il est astraint par le ser-
ment qu'il a fait à son Couronnement
de ce faire. Par quoi faisant le contraire, offense Dieu, & blesse sa Conscience, & si acquiert la haine & mal-
veillance de son peuple, & outre ce af-
foiblit sa force, & par consequent di-
minüe sa gloire & sa renommée.*

Si vous aviez donné de tels principes à vôtre jeune Monarque, nôtre Nation Ultramontaine ne se ver-
roit pas aujourd'hui dans l'oprobre
& le mépris, par les sanglants outrages dont les François chargent tous
nos pauvres Italiens, qu'ils font paffer pour les plus grands larrons qu'il
y ait

* *Chap. 17.*

y ait dans le reſte de l'Univers ; Ils
nous accuſent d'avoir ruïné la France, d'avoir reduit ſes peuples à la
beſace par le tranſport de leur or &
de leur argent en Italie ; Je demande à vôtre Eminence qui eſt reſpon-
ſable de tant de calomnies ? à qui
doit-on faire ce reproche ? ſi ce n'eſt
a elle ſeule comme à l'unique ou-
vriere de tant de nouveautez qu'elle
a mis en lumiere pendant le tems de
ſon Miniſtere.

MAZARIN.

Per Dio, qui ſont donc ceux-là qui
accuſent nos Italiens de larcin ?

INNOCENT XI.

Tutti le Franchezzi. Car ils diſent
hautement que ſi leur Roi avoit ſuivi l'exemple de Philippe de Valois,
lequel au raport de * Nicole Gilles,
par un Edit exprés de l'année 1347.
bannit de la France tous les Italiens
comme Larrons & expilateurs du
bien public, ils ne ſe verroient pas
aujourd'hui accablés de miſere & de
pauvreté comme ils le ſont. Voici les propres termes de cet Hiſto-

C 4   rien

____

* En ſes *Annales de France Fol.* 163. de l'édi-
tion de 1562. *Voyez auſſi la Chronique des Rois
de France imprimée in 8. en* 1550 *fol.* 71.

rien. En ce tems furent prins tous les Lombards, Banquiers, & Uſuriers qui étoient en France, & furent chaſ-ſez & bannis du Royaume, pour la grande évacuation qu'ils faiſoient des Finances, dont le Royaume étoit appou-vry : & par procez fait contre eux, fut ordonné que quiconque ſeroit tenu en-vers eulx en aucunes uſures, en bail-lant au Roi le ſort principal, ils ne payeroyent rien des arrerages ; enſuite il ajoute ; Et qui feroit de preſent ainſi, ce ſeroit bienfait, car ils ſont beau-coup du mal en France : Quand ils y viennent, jamais n'y apportent un du-cat, mais ſeulement une feuille de pa-pier en une main, & une plume en l'au-tre, & ainſi tondent aux François la laine ſur le dos, & leur font gabelle de leur propre argent. Il fut lors trouvé que les debtes qu'on leur devoit, mon-toyent oultre vingt quatre cens mille li-vres d'uſures, deſquelles le ſort prin-cipal ne montoit point oultre douze vingt mille livres. Que dit vôtre Eminen-ce de ce portrait à l'Italienne.

M A Z A R I N.

Molto ſomigliante. Qu'il eſt aſſez reſſemblant ; mais auſſi que nous ſommes malheureux, d'obliger des

In-

Ingrats qui nous chargent d'outrages & de malediction, aprés nous
être ſacrifiez pour leur rendre ſervi-
ce.

INNOCENT. XI.

N'auroit-il donc pas mieux valu
que vôtre Eminence ne fut jamais
ſortie de * Piſcina ou de l'Abruzze,
que de ſe voir aujourd'hui *la male-
dictione de tutti le Franchezzi & de tutti le altri popoli de la Chriſtianità* ;
qui l'accuſent de tous les malheu-
res arrivez dans le monde depuis
l'eſpace de 45. ans, par la mauvaiſe éducation que vous avez donnée
au fils aîné de l'Egliſe.

MAZARIN.

Ma per Dio, qu'eſt-il dont arrivé?

INNOCENT XI.

Per Dio, da queſto procede che, il eſt
arrivé qu'a peine vous aviez quitté le
monde, que ce jeune Prince, l'eſprit rempli de vos deteſtables maximes commença de les mettre en
pratique en l'année 1661. par la que-
relle ſurvenuë à Londres entre les
Ambaſſadeurs des deux Couronnes,
au ſujet du pas que le Comte d'Eſtra-
des diſputoit au Baron de Batteville,

C 5

à l'en-

* *Lieu de ſa naiſſance.*

à l'entrée de l'Ambaſſadeur de Suede. Cette affaire fut ſoûtenuë avec
tant de hauteur de la part du Roi T.
C. que ſi le Roi Catholique s'étoit
obſtiné à ne vouloir pas relacher de
ſes droits, par la ſatisfaction qu'il
lui en fit faire, cela ſeul étoit capable
de rallumer la guerre entre les deux
Maiſons. N'étoit-ce pas là un beau
ſujet de guerre ?

M A Z A R I N.

Ridiculoſo, j'avouë que le jeu n'en
valoit pas la chandelle, & que le Roi
T. C. n'avoit pas raiſon d'en agir
ainſi.

I N N O C E N T X I.

Paſſons plus avant. Ce Prince
ayant bâti ſur vos principes & ſur vos
maximes une ambition démeſurée
de s'agrandir à quel prix que ce
fut, trouva le moyen en l'an 1662.
de depouiller le Duc de Lorraine de
ſes Duchez de Lorraine & de Bar,
par une ceſſion que ce pauvre Prince
fut obligé de lui en faire, & cela au
prejudice des Traitez de Munſter &
des Pirennées, où tous les differens
qui étoient entre ce Duc & le Roi T.
C. avoient été vuidez & terminés.

M A-

M A Z A R I N.

Si cela eſt ainſi , jè conviens qu'il y a eu de la mauvaiſe foi de la part du Roi T. C. & qu'il n'a pû ſans injuſtice priver le Prince Charles Neveu du Duc de la ſucceſſion de ſon Oncle , attendu que nous avions terminé toutes choſes au Traité des Pirennées d'une maniere qu'il ne reſtoit pas la moindre difficulté. •

I N N O C E N T X I.

Cependant le Prince Nicolas François *pieno di rabbia* , outré de cet injuſte attentat , fit voir à S. M. par pluſieurs raiſons ſolides que le tranſport fait par ſon frere étoit de nulle valeur : En premier lieu , parce que eu égard à la Loi Salique , les Duchez de Lorraine & de Bar étoient inalienables , & que ſi l'on avoit d'ailleurs égard au teſtament de René Roi de Sicile & Duc de Lorraine , par lequel ſes Etats avoient été ſubſtitués de mâles en mâles , il en falloit inferer que le poſſeſſeur n'en pourroit avoir que l'uſufruit , & que par conſequent le Duc de Lorraine n'avoit pas été en droit de les aliéner ; que d'ailleurs ſi l'on conſideroit le droit des femmes confirmé par l'ex-

C 6   emple

emple de la Duchesse Nicole, aux
Etats de laquelle le Duc son mari
avoit succedé, les Duchez du Duc
de Lorraine devoient revenir en la
possession du Prince Charles, comme
à l'unique heritier de cette Princesse;
mais toutes ces raisons furent inuti-
les.

MAZARIN.

Il Re Ludovico XIV. figlio mio,
pourroit répondre à tout ce que vôtre Sainteté vient d'avancer pour
prouver l'alienation des Duchez
de Lorraine & de Bar, qu'ils n'ont
jamais reconnu la loi salique, & que
pour ce qui regarde la substitution du
Roi de Sicile de mâle en mâle, elle
étoit à l'avantage des Rois de France, parce que Charles d'Anjou suc-
cesseur & neveu de René, n'ayant
point eu d'enfans, constitua Louïs
XI. & Charles XIII. ses heritiers, &
que par consequent Loüis XIII. &
Loüis XIV. son fils, ont eu droit
d'y succeder. Qu'à l'égard des femmes, aprés avoir établi la succession
des mâles toute seule, ce raisonnement ne subsiste plus.

INNOCENT XI.

Tous ces raisons ne sont point capables

pables de juſtifier *la perfidia del Ré
Chriſtianiſſimo* , la mauvaiſe foi du
Roi T. C. dans cette affaire. A moins
qu'on ne veuille dire par raillerie, que
l'honneur que ſa Majeſté faiſoit aux
Ducs de Lorraine d'être conſiderez
à l'avenir comme Princes du Sang
de France, valoit bien le tranſport
que le pauvre Duc lui faiſoit de ſes
Etats ; ainſi voilà la queſtion vuidée.

Mais que dira vôtre Eminence de
la hauteur avec laquelle ce jeune
Monarque traita la Cour Romaine
en l'année 1664. au ſujet de la Py-
ramide qui fut élevée dans Rome vis
à vis du Corps-de-garde des Corſes,
avec une inſcription infame , qui ſera
un monuement éternel d'ignominie
& de fletriſſure pour *le S. Siege* , que
les ſiecles à venir n'effaceront jamais ; & cela pour un demêlé ſurve-
nu entre les domeſtiques du Duc de
Crequi , Ambaſſadeur Extraordinai-
re pour le Roi à Rome , & quelques
ſoldats Corſes , où l'on ſçait de
bonne part que les François avoient
eu tout le tort. Ce Prince qui avoit
ſi bien apris par cœur ſon Machiavel , ne ſe ſervit-il pas de cette occa-
ſion pour s'emparer d'Avignon , en

                    faiſant

faifant revolter les Bourgeois contre
le Gouverneur de fa Sainteté ; & la
conduite qu'il tint dans toute cette
affaire, pour porter le S. Siege à lui
donner fatisfaction de l'infulte faite
à fon Ambaffadeur, ne fait-elle pas
horreur à tous les bons Italiens. Ainfi
vous voyez par là que vous avez élevé un Dominateur qui n'a pas même
épargné vôtre chere patrie.

M A Z A R I N.

J'avouë S. Pere, que ces commencemens d'un regne, dont j'ai pofé les
premiers fondemens , me furpren-
nent d'autant plus que je n'attendois
rien moins d'un jeune Monarque, qui
m'a donné tant de peines à inftruire ;
mais j'ai de la douleur en même
tems d'aprendre qu'il ait pratiqué des
maximes contre les Princes fpiri-
tuels, qui ne lui ont été dictées que
contre les temporels, lui ayant toûjours infpiré du refpect & de la veneration *per lo Santo Seggio*, pour le S.
Siege.

I N N O C E N T X I.

Tout Prince qui fait gloire de fui-
vre les preceptes de Machiavel, n'entre point dans ces fortes de confide-
rations, *& non rifpetta ne Dio ne Dia-*
volo

volo, & ne refpête ni Dieu ni Diable, pourvû qu'il vienne à bout de fes deffeins. Cependant comme Machiavel l'enfeigne fort bien, il faut qu'un Prince affecte de faire femblant de pratiquer le bien, tandis qu'il n'a pour but que le mal. Vôtre jeune Monarque nous fit bien voir l'année fuivante qu'il étoit favant dans l'ufage de cette maxime. Car tandis qu'il perfecutoit la Cour de Rome, il faifoit beau femblant contre les Janfeniftes, en faifant mettre en execution la Bulle d'Alexandre VII. mon predeceffeur qui condamnoit leur Doctrine, & faifant defence de vendre les Oeuvres de Janfenius. Son grand zéle, ou plûtôt fon hipocrifie, le porta même à faire dreffer un formulaire qu'il voulut que tous les Prelats & Ecclefiaftiques du Royaume fignaffent, faute de quoi, qu'on les y contraindroient par la confifcation du revenu de leur temporel. Mais ce ne font là encore que les premiers traits de fon ambition & de fa diffimulation; paffons outre.

Voici un évenement qui lui va ouvrir une belle carriere, & qui lui va faire mettre au jour bien de fecrets que

que vous lui aviez confiez lorsque vous futes de retour à Paris aprés la conclusion de la paix des pirennées. Je veux dire les Droits pretendus de la Reine son Epouse sur les Etats du Roi Cat. Philippe IV. son pere. Cette année qui fut celle de 1665. fut fatalle pour la Maison d'Autriche par la mort de ce Prince, & tandis que toute la Chrêtienté étoit en larmes & dans l'afliction, vôtre jeune Monarque triomphoit de joye par l'esperance d'envahir bien-tôt tant de beaux Royaumes & de riches Provinces qui étoient à sa bienseance, & se revêtir à l'exemple de la Corneille de la fable, des depouilles d'un bien qui ne lui apartenoit pas.

M A Z A R I N.

Je le vis ce pauvre Prince, comme il venoit de passer la barque de Caron, & comme il étoit sur le rivage du Stix se promenant avec Charle-quint & Philippe II. qui lui étoient venus au devant, mais comme nous ne sommes pas trop bons amis Philippe II. & moi j'évitai leur rencontre, quoique j'eusse grande envie de l'aborder pour aprendre des nouvelles.

velles. Cependant que cette digref-
fion ne rompe point le fil de vôtre
difcours.

INNOCENT XI.

Per dicere in breve, & pour reprendre le recit des funeftes malheurs,
que le deceds de ce bon Prince vient
de caufer dans toute la Chrêtienté,
le dirai qu'à peine la mort lui eût
fermé les yeux que le Roi T. C. fit
marcher fes armées vers les Païs-
Bas pour fe mettre en poffeffion des
Provinces, qu'il pretendoit lui apar-
tenir en vertu des Droits de Marie
Therefe fon époufe, & fe mocquant
des fermens qu'il avoit prêtés à la
conclufion du Traité de St. Jean de
Luz, par lefquels il avoit renon-
cé à tous fes droits, il fit publier
un Manifefte pour les autorifer, &
fans autre formalité, il s'empara de
Bergue, Furnes, Tournai, Doüay,
Courtray, l'Ile, Oudenarde, Aloft.
Il fit toutes ces conquêtes avec tant
de rapidité que la plûpart de ces
places étoient depourvuës de gar-
nifons & de munitions neceffaires
pour leur defenfe, fe repofant fur la
bonne foi du dernier Traité.

M A-

MAZARIN.

J'avoüe *che il figlio mio fa cofe grandi*, & que voilà bien des conquêtes entaffées, & des ufurpations, que le Droit & la bonne foi femblent condamner d'abord, mais, à qui la faute, elle ne fauroit être imputée qu'à la Cour d'Efpagne, qui a été toûjours negligente à faire valoir fes interêts par la Force & la Politique qui doivent être infeperables des grandes Monarchies. J'advoüe même que j'y ay beaucoup contribué par les rufes dont je me fervis dans la conclufion de cette Paix, parce qu'effectivement j'avois à faire à des Plenipotentiares ignorans de la part de l'Efpagne, dont j'apelle à témoin Mr. de Lionne Secretaire de la Negociation, lefquels confentirent à tout ce que je leur demandois. Mais fi vôtre Sainteté fait reflexion que la France m'ayant choifi pour un fi grand Emploi & le Roi T. C. ayant une plaine coufiance en moi, j'étois indifpenfablement obligé de foûtenir fes interêts, à moins que je n'euffe voulu paffer *per uno traditore & uno infidele* pour un traitre & un infidelle. Mais voyons la fin de tous ces Evenemens.

In-

INNOCENT XI.

Le Roi T. C. ne se contenta pas
de porter ses armes & la desolation
dans les Païs-Bas, mais aussi il entra
dans la Franche-Comté au cœur
de l'hiver, & le Prince de Condé
ayant mis le siege devant Besançon,
s'en rendit maître aprés avoir vaincu
l'opiniatreté des habitans, qui étoient
resolus à lui vendre bien cherement
leur vie par une vigoureuse resistan-
ce; mais leur ayant representé que
leur Ville avoit cessé d'être Ville Imperiale par le Traité de Munster,
outre qu'on auroit soin de ne rien
changer à leurs privileges, elle se rendit sur ces belles paroles. Salins sui-
vit bientôt l'exemple de Besançon,
ne pouvant plus long-tems resister
aux cruautez du Marêchal de Luxembourg : L'importante Ville de
Dole fut aussi soûmise à l'obeissance
del Vincitore du conquerant, aussi bien
que la Ville de Gray. De sorte que le
seul mois de Fevr. termina la reduc-
tion de toute la Franche-Comté. Les
Espagnols considerant leur foiblesse
& la rapidité des armes victorieuses
du Roi T. C.; outre qu'ils avoient sur
les bras le Portugal, dont la diver-
sion

fion leur faifoit d'autant plus de peine qu'elle étoit fomentée par la
France, & qu'elle attaquoit le cœur
de leurs Etats, fe refolurent enfin de
demander une fufpenfion d'armes
qui leur fut accordée jufques à la fin
du mois de Mai de l'année 1668. ce
qui leur procura le moyen de fe re-
cõciĺier avec le Portugal par une
paix, dont le Pape fut Mediateur, qui
fut la Paix d'Aix-la-Chapelle.

M A Z A R I N.

Per Dio dunque il mondo quieto, voila donc la calme retabli dans l'Europe.

I N N O C E N T X I.

Rien moins que cela; car vôtre
jeune Monarque, *fempre che non è
mai fatio, & fempre perfido*, toûjours
infatiable & toûjours perfide, fit
marcher fes armées deux années
aprés, c'eft-à-dire en 1670. vers les
Etats du pauvre Duc de Lorraine,
fous pretexte que ce Prince ne lui
avoit pas tenu parole, ou qu'il avoit
entretenu des correfpondances fe-
cretes dans toutes les Cours des
Princes voifins. De forte que le Marêchal de Crequy s'étant prefenté
devant Pont-à-Mouſſon, cette place

ce fe rendit fur le champ, & fes For-
tifications furent rafées. Efpinal,
Chafté, & Longwy fe foûmirent
auffi à l'obeïffance du Roi, & le pauvre Duc de Lorraine étant chaffé de
fes Etats, fut contraint d'aller chercher azile ailleurs, & d'implorer la
clemence des autres Princes qui le
reçurent par charité.

M A Z A R I N.

Il n'eft rien arrivé, au Duc de
Lorraine que je ne lui euffe predit.
Et s'il avoit fuivi le Confeil que je
lui donnois lorfque nous étions oc-
cupés aux Conferences de la paix
des Pirennées, je fuis perfuadé, qu'il
auroit mieux fait; je lui ai même du
depuis reproché fa bêtife, fur les
bords de ce fleuve, lorfqu'il eut paffé
la barque de Caron, dans une converfation que j'eus avec lui, où il
me faifoit la trifte peinture de fes
difgraces.

I N N O C E N T X I.

Le but de vôtre Eminence étoit,
de le rendre efclave perpetuel de la
France, en lui confeillant d'abandon-
ner entierement les liafons qu'il a-
voit avec la Maifon d'Autriche, pour
l'attacher à celle de Bourbon; c'eft
àdire

à dire de Prince Souverain & indé-
pendant qu'il étoit , devenir Vaf-
fal , fujet , & dependant. Mais fans
nous arrêter plus long-tems *en Prin-
cipesfortunato* à ce Prince infortuné.
Voyons fi vôtre Eleve machiavelifé
en a mieux agi envers les autres
Puiffances de l'Europe. En l'année
1672. , *il colmo di tutta li fceleratez-
za;* ce qui eft le comble de toutes
les perfidies. Il trouva le moyen de
rompre les engagemens qui unif-
foient la Suede , l'Angleterre & les
Provinces-Unies , fous le nom de
Triple Alliance ; & aprés avoir com-
ploté avec l'Angleterre & l'Evêque
de Munfter, le refultat de ces trois
Puiffances fut de ne point quitter les
armes qu'aprés la deftruction & la
ruine entiere de la Hollande , comme d'une autre Cartage , dont chacu-
ne devoit avoir une portion fuivant le
partage qui avoit été arrêté à Verfail-
les , où les Miniftres des Princes liguez avoient tenu fur ce fujet plufieurs Conférences *ma che monta piu*
mais qui plus eft : C'eft que le Roi
T. C. ne fe portoit à tous ces excés,
que pour fatisfaire à fon ambition
demefurée , témoin ce qu'il fit
pu-

publier dans ſes Manifeſtes, que la
grandeur & la puiſſance de cette Republique lui faiſoit ombrage, & qu'il
avoit des motifs ſuffiſants pour ne
plus regarder ces peuples que comme les ennemis de ſon Etat. Quoi
qu'il en ſoit, les Provinces-Unies
ſoûtinrent une terrible criſe, & la fortune balança ſi bien leur deſtinée,
coſa miracoloſa, que ce fut un eſpece
de prodige, comme quoi elles ſe
ſauverent.

M A Z A R I N.

Si vôtre Sainteté conſidere que les
Hollandois ſont * *diverſe nationi, ri-
belli & heretici adunate per populare
una tera.* Elle ne trouvera pas étrange que le Fils aîné de l'Egliſe eut juré leur ruine & violé par conſequent
la parole qu'il leur avoit donnée par
les derniers Traitez, ſuivant ce principe *fides non eſt ſervanda hereticis.*

I N N O C E N T X I.

Mancare di ſede? manquer de foi.
O! *abominevole Maſſima*, ô! maxime
deteſtable; que deviendront les E-
tats, les Republiques, & même les
plus puiſſantes Monarchies? que de-
vien-

* *Diverſes Nations rebelles & heretiques ra-
maſſées qui forment cette Republique.*

viendront les peuples qui se repo-
sent & vivent sous la bonne foi des
Traitez? Qu'en revint-il à Ferdinant
qui étoit le plus perfide Prince de
son siecle, témoin la conduite qu'il
tint au sujet des demêlés qu'il eut
avec Louïs XII. Ce Prince le trom-
pa toûjours & son regne n'a été qu'u-
ne suite perpetuelle de perfidies. En
fut'il plus heureux pour cela? Non,
Seneque, * Aristote, & † Dion de
Prusse nous disent des belles choses
là-dessus. Je conclus donc qu'un
Prince, doit-être autant jaloux de
sa parole, qu'il l'est de sa grandeur,
& à quelques peuples qu'il la donne,
Chrêtiens, ou Heretiques, Payens
ou Musulmans, il la doit tenir *con-
sacrato a Dio* comme ce qu'il y a de
plus auguste, de plus sacré & de plus
inviolable dans le Christianisme &
dans la societé humaine.

M A Z A R I N.

Mà molio piu che vostra Santità.
Mais je prie vôtre Sainteté de vouloir poursuivre le recit de tant d'é-
venemens, que j'ay ignoré depuis
environ trente ans que j'ay quitté le
monde,

* *Ultima Nichem.*
† *Orat XXXVII. & Epist. IV.*

monde, ces étranges revolutions m'intereſſent d'autant plus, qu'on m'en fait l'Autheur, & qu'elles me font regarder comme l'horreur, non-ſeulement des mortels, mais auſſi des plus deteſtables damnés, a quoi cependant je n'ai contribué qu'autant que le caractere de premier Miniſtre dont j'ay été honoré à la Cour de France, & la gloire du Prince qui étoit ſous ma tutelle m'y ont engagé : Ce qui devroit ſi me ſemble faire mon apologie, de maniere que je fuſſe à couvert des murmures & des maledictions de tant de peuples qui crient *Mazarini abominevole monſtro.*

Innocent XI.

Il ambitione del Prince che non è mai ſatio. Ce Prince dont l'ambition ne vouloit point avoir d'autres bornes, que celles de toute l'Europe, laquelle ne devoit plus reconnoître *che il Monarchia del grande Ludovico,* porta ſes armes victorieuſes ſi avant, que toute l'Allemagne commençoit à trembler, ce qui fit concevoir de ſi grands ombrages à l'Empereur, qu'il declara ouvertement à la Diete de Ratisbonne, qu'il étoit

D

tems

tems d'arrêter la rapidité de ce torrent, & invitant les Princes de l'Empire à s'unir ensemble, les armées des Imperiaux commencerent à paroître sur le Rhein. Les Espagnols qui ne faisoient que de quitter les armes, se reposant sous la bonne foi du dernier Traité, qui étoit celui d'Aix-la-Chapelle furent encore contraints de les reprendre pour venir tous ensemble au secours des Provinces-Unies, bien persuadés que s'ils ne s'aidoient pas à éteindre le feu de leurs Voisins, leur Païs ne manqueroit pas d'en ressentir bien-tôt les suites funestes.

MAZARIN.

Dio mio! Mon Dieu! Voilà donc toute l'Europe encore en feu. Mais voyons qu'elle en fut la fin.

INNOCENT XI.

La fin fut que vôtre jeune Eleve, poursuivant la route que vous lui aviez prescripte *per voftro diavolo del Machiavelle*, continüant à porter le feu & la desolation dans tous les Etats des Princes Chrétiens, crût enfin qu'après avoir fait sentir à toute la Chrétienté son insuportable domination, il n'y avoit pas de plus sû-

re voye à prendre pour lui , tant
pour le maintenir à ce haut degré
d'élevation , que pour endormir toutes les Puissances de l'Europe, qui
venoient de prendre les armes contre
lui, que de commencer par les di-
viser. Ainsi la Hollande qui avoit
essuyé les premiers tourbillons de sa
fureur, lasse de fournir , & agca-
bléc par le péfant fardeau des charges de la guerre, fut la premiere à
qui il fit des propositions de paix. Il
est naturel à des peuples , qui avoient
été reduits aux dernieres extremi-
tés , de chercher du foulagement ;
ainsi il n'eut pas de la peine à les de-
tacher du parti, par le moyen de l'importante Ville de Maftricht qu'il
leur rendit: La Paix particuliere entre
la France & la Hollande fut donc
publiée le 1. d'Octobre de l'année
1678.

M A Z A R I N.
Hé! qu'est-ce que devinrent les
autres Princes de la Ligue ?
I N N O C E N T X I.
La proye & la victime de l'Agreffeur , car les ayant attaqué les uns
aprés les autres avec toutes ses forces, en renouvellant les fureurs &

D 2

les

les crüautez de la guerre, à l'exemple d'un Charles le Hardi Duc de
Bourgogne, qui fut furnommé le terrible, il ne leur donna point de
quartier qu'ils n'euffent foûcrit
aux conditions defavantageufes qu'il
leur propofoit. Deforte que les
Princes de l'Empire fe voyant aban-
donnés de ceux qui étoient confi-
derés comme le nerf de la guerre,
& le premier mobile qui les avoit
fait agir, ne fongerent plus qu'à faire leur paix feparée les uns aprés les
autres à l'exemple de leur Alliée.
L'Empereur fit la fienne, & elle fut
publiée le vint-fix d'Avril de l'année
1679. Celle de l'Electeur de Bran-
debourg & de l'Efpagne fuivirent
peu de tems aprés, & celle-ci fut
confirmée par une nouvelle Alliance, qui fut le mariage du Roi d'Efpagne avec Mademoifelle fille ainée
de M. Duc d'Orleans. Les Conferences de la Negociation du Traité de
Nimegue furent donc terminées par
le chagrin & le deplaifir que les
Princes confederez eurent de fe
voir le jouët & la dupe perpetuelle
de la France, qui les avoit forcé
l'épée dans les reins à lui accorder
tout

tout ce qu'elle avoit demandé.

MAZARIN.

Le traité de Nimegue fut donc confirmé encore pas une nouvelle alliance, qui se fit entre les deux Maisons, comme le fut celui des Pirennées par le mariage de Marie Therese avec Louïs le Grand : Et le pauvre Colbert m'aprit dernierement comme nous nous promenions dans ces plaines infernalles bien des particularités, dont vous ne me dites pas un mot, qui est au sujet d'une autre alliance que le Roi T. C. fit du côté de l'Allemagne l'année d'auparavant par le mariage de Monseigneur le Dauphin avec Anne Marie Victoire sœur de l'Electeur de Baviere aujourd'hui regnant. Il m'aprit que c'étoit lui-même en qui le Roi avoit confié tout le secret, & qu'il avoit été envoyé à Munik pour affister à la fignature du contract de mariage. Il ajoûtoit que le prncipal but qui avoit porté le Roi son Maître à rechercher cette alliance, étoit plufieurs belles & bonnes pretentions qu'elle lui aportoit pour attaquer de nouveau l'Empire, & que fous l'apui d'une des plus puif-

 fantes

santes maisons de toute l'Allemagne, il auroit toûjours la porte ouverte pour y entrer quand il lui plairoit.

INNOCENT XI.

Colbert a dit vrai à vôtre Eminence à quelques égards, parce qu'il est certain que ce Monarque, qui avoit toûjours les yeux ouverts, comme les oiseaux de proye, sur les Etats de ses voisins pour les envahir à la premiere occasion, ne songea plus aprés la paix de Nimegue qu'à forger des nouveaux fers pour reduire l'Europe sous l'esclavage qu'il avoit medité dés les premieres années de son Regne, en batissant toûjours sur vos principes & sur vos detestables maximes. Desorte qu'ayant encore endormi tous les Princes de la Chrêtienté par le traité de Nimegue, comme vous aviez fait par celui des Pirennées; Il avoit en veüe en contractant une étroite Alliance avec la Maison Electoralle de Baviere, de se frayer une route assurée pour entrer dans les Etats du Chef de la Maison d'Autriche, & acquerir par là des nouveaux droits pour faire ouronner un jour son fils

Mon-

Monseigneur le Dauphin Roi des
Romains à l'exclusion du fils de
l'Empereur, *ma certo, lo ingannatore
è stato ingannato*, mais le trompeur
a été trompé lui-même ; en premier
lieu en ce que bien loin d'engager
la Maison de Baviere dans ses interêts par ce mariage, il semble qu'il
ait contribué à l'unir plus étroite-
ment à la Maison d'Autriche, ainsi
que l'experience la fait voir ; & en
second lieu, en ce que bien loin de
frayer par la une route qui dût favo-
riser l'élection du Dauphin Roi des
Romains, nous avons vû arriver
tout le contraire, par l'attachement
inviolable que tous les membres de
l'Empire ont témoigné pour l'élection du jeune Roi de Hongrie, qui
fut couronné Roi des Romains il y
a quelques années, ce qui mortifia
si fort le Rois T. C. qu'il fallit à en
crever de dépit ; de sorte que pour
se vanger, de la mauvaise réüssite
qu'avoient eu ses grands desseins,
en s'alliant à la maison de Baviere, Madame la Dauphine n'a eu
du depuis que des chagrins à la Cour
de France, qui ont beaucoup contribué à abreger ses jours, comme tout le
monde sçait.   D 4   MA-

MAZARIN.

J'avoüe St. Pere que le recit de tant d'évenemens qui se sont passés dans si peu d'années, me surprend d'autant plus, que j'avois conté sur l'activité & la promptitude qui commençoit à briller dans toutes les actions de ce jeune Monarque, lors même qu'il n'avoit encore que 10. ou 12. années, comme sur des défauts, capables de faire échoüer ses plus grandes entreprises. Aussi lui disois-je souvent pour moderer l'ardeur de sa jeunesse, *figlio mio chi va piano, va sano.* Mais voyons ce qui s'est passé aprés la conclusion de la Paix de Nimegue, à laquelle on ne peut pas dire que j'aye eu aucune part, non plus qu'en celle d'Aix la Chapelle, puis qu'elles se sont faites aprés mon depart du monde.

INNOCENT XI.

J'avoüe que *Vostra Eminentia ni ssuna parte aveto.* Mais si l'on considere que vous avez jetté les premiers fondemens de cette Monarchie, & que sur vos principes vôtre Eleve a bâti l'ambition & le desir insatiable qu'il a eu de s'agrandir sur les ruines des autres Etats ses voisins, vous n'en étes

pas

pas moins coupable, ni moins responsable des malheurs qui affligent
aujourd'hui la Chrêtienté.

M A Z A R I M.

Che Diavolo! serai-je donc éternellement l'horreur du genre humain, & pour toute recompense d'a-
voir bien servi la France, faudra-t-il
que je sois devenu *sempre la maledi-
tione di tutti gli Franchezzi, & di
tutti gli Nationi.*

I N N O C E N T X I.

Sans doute. Mais, passons outre.
En l'année 1680. c'est-à-dire une année aprés la conclusion de la Paix de
Nimegue, vôtre Monarque *sempre
ambitioso & sempre perfido,* commença
à faire des nouvelles affaires au Roi
Catholique par le mauvais traitement
qu'il fit au Duc de Giovenazzo son
Ambassadeur à Paris, en lui deniant
les honneurs & les prerogatives dûes
à son caractere, & dont ceux qui l'a-
voient precedé dans cet emploi
avoient toûjours joüi, parce disoit-
on, que le Duc de Giovenazzo, lors
qu'il residoit à la Cour de Savoye,
avoit voulu brûler l'Armée Navale
de sa Majesté dans le Port de Toulon, aussi bien que les Magazins de

D 5

Pigne-

Pignerol, à quoi il n'avoit jamais
fongé, & cela à l'infçû du Roi Catholique fon Maître. Quoi que le
Roi d'Efpagne tentât de ranger à la
raifon le Roi T.C. en faifant traiter
de la même maniere le Marquis de
Villars fon Ambaſſadeur à Madrid,
tout cela ne fut pas capable de lui faire changer de conduite, & il fallut
dans cette occafion que fa Majefté
Catholique fe foûmit aux volontez
d'un Monarque qui vouloit être
obeï ; ainfi pour éviter une rupture il
fut neceffaire de rapeller le Duc de
Giovenazzo, & le Marquis de Fuen-
tes fut envoyé à fa place, pour faire
au Roi T.C. des trés humbles excu-
fes de la part du Roi Catholique fon
Maître.

M A Z A R I N.

Je fuis obligé de dire que le Roi
T. C. n'avoit pas raifon d'en agir
ainfi, dans un tems où il devoit être
affez fatisfait d'avoir humillié tous
les Princes de l'Europe, & particulierement la Maifon d'Autriche fon
irreconfiliable ennemie. Ainfi il devoit les laiffer joüir paifiblement des
fruits d'une paix, qu'il leur avoit
venduë affez cherement.

I_N-

INNOCENT XI.

Vôtre Eminence a raiſon, mais voyons les ſuites. Le Roi T. C. qui eſt * *un demonio ſuelto*, ne pouvant vivre ſans faire du mal, tourna ſes armes contre ſes ſujets , & voulut dechirer ſes propres entrailles en portant le poignard contre ſon propre ſein. Car ayant entrepris d'extirper de ſon Royaume l'Hereſie Huguenote, il n'y eut point de crime qu'il ne commit pour en venir à bout, juſques à des ſacrileges qui feront éternellement honte à l'Egliſe, le couvriront lui même à jamais d'infamie , & rendront ſa memoire odieuſe à tous les ſiecles à venir. Aprés un nombre infini d'Edits & de Declarations, qui furent renduës contre-eux tendant toutes à ruiner leurs Privileges , & les Libertez que ſes Predeſſeurs leur avoient accordées. Le 27. Fevrier de l'année 1681. il fit publier une ordonnance qui portoit que tous les Commiſſaires des quartiers ſe tranſporteroient avec deux perſonnes Catholiques, dans les maiſons des Reformez malades, ou à la goñie , pour s'informer d'eux dans

D 6   qu'el-

---

* *En Eſpagnol Diable déchainé.*

(76)

qu'elle Religion ils vouloient mourir, & fous ce pretexte on les forçoit
à prendre l'Augufte Sacrement de
l'Eucariftie, deforte que la plûpart
étoient contraints de l'accepter,
plûtôt pour fe delivrer de la perfecu-
tion des Prêtres, que pour fatisfaire
aux devoirs d'un fidelle Chrêtien, &
aprés l'avoir pris le crachoient. *Spa-
ventofo* je fremis d'horreur quand j'y
fonge : Et je puis dire avec fincerité,
que ce qui ma porté à contrarier la
France fur les dernieres années de
ma vie, c'eft la confideration de tant
de blafphemes, & de facrileges
commis contre les plus grands mi-
fteres de la Religion ; & c'eft cette
fainte conduite qui ma fait charger
du fanglant outrage de fauteur des
heritiques.

M A Z A R I N.

S'il a fait cela, * *quefto e dunque
un diavolo fcatenato*, comme dit trés
bien vôtre Sainteté.

I N N O C E N T XI.

Certamento. Certainement il l'a
fait.

M A Z A R I N.

Mais St. Pere s'il mêt permis de
dire

* *C'eft donc un Demon dechainé.*

dire deux mots à l'avantage de la France, & de faire en quelque maniere l'apologie du Prince dont vous avez maudit les maximes tout le tems que vous avez été affis-fur la Chaire de St. Pierre. Je ne puis m'empêcher de dire, que ce Monarque, par la deftruction de l'herefie dans fes Etats, à augmenté confiderablement vos revenus, étendu le Royaume de Jefus-Chrift, la puiffance de la Sainte-Mere Eglife, & la Domination fpituelle & temporelle de vôtre Sainteté : Que par confequent bien loin de defaprouver une telle conduite, il femble, qu'il étoit de vôtre interêt de l'aplaudir, & de concourir unanimement à l'extirpation d'une maudite Secte qui s'eft de tout tems declarée ennemie irreconfiliable de la Cour de Rome.

INNOCENT XI.

A Dieu ne plaife, que j'aye jamais été dans ces fentimens, attendu que ces voyez de travailler au falut des ames & à la converfion des heretiques, font fi oppofées à l'efprit du Chriftianifme & de l'Evangille, que l'experience nous à fait voir, que Loüis le Grand au lieu de purger fon

 Royau-

Royaume de l'Hérésie Huguenote, il la rempli de mille nouveaux Hérétiques , Atheïstes , Epicuriens , Blasphemateurs , &c. qui soüillent aujourd'hui l'Eglise par leurs sacrileges. De sorte que la France est à la veille de se voir dechirée par mille nouvelles factieuses Sectes differentes qui semblent s'elever sur les ruines du Calvinisme, & naître des cendres d'une Religion qui n'étoit pas malfaisante. Ainsi ne valloit, il pas mieux pour le repos de l'Eglise , laisser vivre ce monstre, que de le combattre pour en faire sortir mille autres aprés l'avoir terracé, infiniment plus à redouter.

M A Z A R I N.

Vôtre Sainteté à donc été sensiblement outrée par la conduite de ce Monarque.

I N N O C E N T X I.

Molto piangimento. Si touchée que j'en ai versé des larmes, & pour en témoigner mon ressentiment, j'ai poussé, *la vendetta* aussi loin qu'un bon Italien le pouvoit faire. Je la fis éclater principalement par trois Brefs qui furent publiez en France, en l'année 1681. par lesquels je donnois
nois

nois atteinte aux libertez de l'Eglife
Gallicanne, & particulierement au
Droit de la Regale. Le Roi T. C.
qui voyoit plier toutes les Puiffances
de l'Europe fous le joug de fa fiere
domination, fut extremement fur-
pris de me voir le feul intrepide, &
affez hardi pour lui faire connoître
que fa puiffance, & fon ambition
n'étoient pas fans bornes; de forte
que dans le fort de ma vieilleffe, quelque irrité qu'il fut contre moi, il fut
contraint d'admirer mon hardieffe,
& ma fermeté. Il fut fi allarmé des
foudres du Vatican, qu'il n'y eut
point de moyens qu'il ne mit en ufage pour tacher de me flechir, temoin
les empreffemens du Duc d'Eftrée,
& fes frequentes follicitations pour
avoir audience de moi fur ce fujet,
ce que je lui refufai conftamment
malgré les emportemens du Roi fon
Maître, qui ne me menaçoit rien
moins que de porter fes armes en Italie, fi je refufois de lui rendre raifon de tant d'attentats. Voyant donc
que j'étois inexorable, & que je puis
dire fans vanité le feul de tous les
Princes de la Chrêtienté, qui ofât
s'oppofer au torrent de fon ambition.

II

Il crût qu'il ne pouvoit se mieux vanger, que par une convocation des
Evêques du Royaume , qùi furent
les Archevêques de Rheims, d'Am-
brun & Alby, les Evêques de la Ro-
chelle , d'Autun & de Troyes qui
examinerent mès Brefs. Le Resul-
tat de ces * *Espantavellacos* fut de
convoquer un Concile National de
tout le Clergé de France , pour y re-
soudre sur les moyens de conserver
les droits de l'Eglise Gallicanne. Enfin par mon intrepidité je fis voir à la
France que je redoutois peu la vanité
de ce projet, & que bien loin de m'é-
branler par toutes ces menaces, ma
resolution étoit de lui disputer le ter-
rain *pie manzi pie*, pied à pied.

MAZARIN.

Il y avoit cependant lieu de craindre que cette affaire n'attirât des terribles troubles dans l'Eglise , & le
Roi T. C. en pouvoit d'autant plus
facilement venir à cette extremité,
qu'il y a des exemples dans l'histoire
qui l'autorisent , principalement
quand les Papes ont refusé la convocation d'un Concile général, par des
demelez qu'ils ont eu avec les Rois
de

____
* *Rodomontades* en Espagnol.

de France. Témoin ce qui eſt raporté par le Preſident de Thou, touchant ce que dit Meſſire Charles de
Marillac Archevêque de Vienne en
Dauphiné, à François II. que Charles V. n'avoit jamais pû obtenir des
Papes la liberté de faire convoquer
un Concile général, parce que la
Cour de Rome ayant ſes vûës y ap-
portoit toûjours des obſtacles invin-
cibles. Que pour éviter un plus
grand mal, il étoit donc permis au
Roi de convoquer un Concile National ſuivant les anciennes conſtitutions de la Monarchie où l'on en aſ-
ſembloit un de cinq en cinq ans, ce
qui s'étoit continué depuis Clovis,
juſques à Charlemagne, & n'avoit
été diſcontinué que ſous Charles VII.
Que François II. devoit prevenir des
grands maux par là, qu'ainſi cette
conſideration le devoit porter à regarder avec mepris tous les obſtacles
que la Cour de Rome y vouloit ap-
porter, attendu qu'il n'avoit pour
but que le bien de l'Egliſe.

Innocent XI.

La ſuite a fait cependant voir, que
le fils ainé de l'Egliſe avoit été extremement humillié, par la conduite

te que je tins dans cette rencontre, & que sa conscience lui reprochant sa rebellion, & la hauteur avec laquelle il avoit traité le Chef de l'Eglise, il ordonna sous main, qu'à la verité une assemblée générale du Clergé de France seroit convoquée, comme en effet elle le fut, mais avant que de passer outre, il voulut qu'on fit une derniere tentative pour tacher de vaincre, par la soumission, mon opiniatreté : Ainsi cette venerable Assemblée m'ayant écrit une Lettre par l'ordre du Roi, aprés la lecture que l'Archevêque de Paris lui en fit à St. Germain, elle fut incessamment envoyée à Rome, avec ordre au Duc d'Estrée son Ambassadeur de me la presenter.

MAZARIN.

Vôtre Sainteté fit-elle reponse à cette Lettre ?

INNOCENT XI.

Nò Signore. Je refusai absolument de la lire, quelque instance que le Duc d'Estrée fit pour m'y obliger : De sorte que le Roi T. C. voyant que la reponse ne venoit pas, ordonna à l'Assemblée du Clerge de passer outre, l'Archevêque de Rheims & l'Evêque

.que de Meaux, avoient été choifis
en qualité de Commiffaires pour re-
gler les preliminaires des matieres
que l'on devoit traiter, dont les plus
importantes étoient les fix propofi-
tions de la Faculté de Theologie de
Sorbonne, qui avoient tant fait de
bruit en l'année 1663. De forte que
fur le raport que ces deux Prelats en
firent *queſta razza maledetta di Franchezzi*, cette maudite race de François conclut. 1. Que le Chef de
l'Eglife, ni l'Eglife même, n'avoit
rien à pretendre fur le temporel des
Rois ; que nous n'étions point en
droit de les depofer, & que les fujets
d'un Prince Chrêtien ne pouvoient
être par nous affranchis des fermens
de fidelité fous quelque pretexte que
ce fut ; 2. Que le Concile général
étoit au deffus du Chef de l'Eglife,
fuivant les anciennes maximes & la
doctrine du Concile de Conftance,
rapportée dans le 4. & 5. Article.
3. Que la puiffance du Chef de l'E-
glife feroit foumife aux Canons, &
qu'il ne pouroit rien faire qui fut op-
pofé aux anciens Conciles ; que les
libertez de l'Eglife Gallicanne, feroient auffi independantes de nôtre
au-

autorité, parce que les Rois de France ne tenant leur Royaume que de la
main de Dieu, ils ne font point en
droit de reconnoître d'autre puiſſance temporelle, d'autant plus que les
anciens uſages de l'Egliſe, & les
Conſtitutions des anciens Conciles,
les en ont laiſſé joüir une longue ſuite d'années, malgré les atteintes des
Papes ennemis de la France. 4. Enfin il fut arrêté que le Souverain Pontife, quoiqu'il fut revêtu d'une plaine autorité concernant les choſes
qui regardent la foi, cependant ſes
deciſions ne ſeroient pas autentiques
ſans le conſentement univerſel de
l'Egliſe, & voila nôtre infallibilité
foulée aux pieds. Aprés de ſi fan-
glands outrages, n'étois je pas endroit de me ſervir de tous les foudres
du Vatican *per diſtruggere queſta maledetta razza di Franchezzi.*

M A Z A R I N.
Nò.

I N N O C E N T. X I.
Perché nò?

M A Z A R I N.
Nò.

I N N O C E N T X I.
Come nò ?

M A-

MAZARIN.

Parce que le Roi T. C. feul eft vicaire & Lieutenant General de Dieu dans fon Royaume *& habet vim Apoftoli.*

INNOCENT XI.

Comment entendez vous cela?

MAZARIN.

Pour uous le prouver vous remonterons jufques à la naiffance de la Monarchie. Pharamond donc fut premier Roi des François & commença à regner en l'an quatre cens dix-fept. Trois de fes fuccef-feurs furent Payens : * Clovis fut le premier Chrêtien ; il vint à la Couronne l'an 384. & continua la poffeffion du droit Royal , car il convoqua un Concile à Orleans auquel fe trouverent plufieurs Prelats au nombre de 32. Evêques; il fit exe-cuter à mort deux Moines criminels de Leze Majefté. Les Succeffeurs de Clovis continuerent ainfi jufques à Boniface III. que nous pouvons dire avoir été le premier Pape ; car quand au † nom , il étoit auparavant commun aux autres Prelats, felon

que

* *Du Haillan à la fin du regne de Clovis.*
† *Hier. Epift. ad.*

que St. Hierôme en plusieurs Epî-
tres, appelle * St Augustin & Ale-
pius du nom de Papes, comme le
nom de Prêtres & d'Evêques se pre-
noit en même signification ; car di-
soit † St Hierôme , *qu'est ce que
l'Evêque fait de plus que le Prêtre ex-
cepté l'Ordination &c. Tout Evêque
soit de Rome ou d'Alexandrie à pareil
merite & même Pretrise, les richesses ni la pauvreté ne, levent, ni n'abais-
sent l'Evêque* &c. Cependant aprés
six cens ans Boniface III·, alors Evêque de Rome, avec le nom, s'est attribué l'effet , & au lieu qu'Adam donnoit le nom selon la nature des choses, & suivant ce qu'elles étoient
en elles mêmes ; Boniface III. &
ses Successeurs se sont aproppriez les
choses en abusant du nom. A propos
de quoi les ‡ Historiens remarquent
qu'il à le premier usé de ses termes
en ses Decrets. *Nous voulons, or-
donnons, commandons & enjoignons.*

I N-

---

* *Augusto* 2.
† *Hier. Evagrio ubique fuerit Episcopus sive
Roma &c. sive Regii. ejusd. est meriti & sacerdo-
tii &c.*
‡ *Beda Sigibert. &c. Durand.* 4. *rational.
Ado, Onufrius.*

INNOCENT XI.

Mais comment cela eſt il arrivé?

MAZARIN.

Toutes ces uſurpations ont été favoriſées par les confuſions des guerres d'Italie, & la nonchalance des derniers Rois de la premiere Race. Pepin deſirant de transferer la Couronne en ſa famille, ſe fit couronner par le Pape en l'année 755. afin de ſe ſervir du credit que dés ce teins là le Pape avoit és Egliſes Chrêtiennes; & afin de l'obliger davantage à ſoutenir ſes interêts il lui donna l'Exerchat de Ravenne, & la Romagne, deſorte que le Pape & Pepin s'obligerent l'un l'autre de cette maniere. Car il eſt à remarquer que le moindre Evêque de France pouvoit auſſi legitimement couronner Pepin que le Pape Zacharie, & lE'xerchat n'apartenoit point au Roi, mais à l'Empereur, du quel pour adoucir l'indignation *, le Roi fit cette donnation au nom de Conſtantin, mort il y avoit plus de trois cens ans.

Ce que j'avance pour faire connoître à vôtre Sainteteté que la grandeur

---

* *Paul Æmile, du Tillet & autres.*

deur des Papes procede de la liberalité des Rois T. C. & que vous fer-
tiez bien ingrâts si vous le mes-con-
noissiés.   Enfin Pepin changea les
ceremonies de l'Eglise Gallicane,
& introduisit les Romaines par l'entremise de Remy Archevêque de
Reins.

Innocent XI.

Voyons la suite?

Mazarin.

En l'année 776. Charlemagne
passa en Italie, subjugua Didier Roi
des Lombards, le pritprisonnier &
l'emmena à Liou, & peu de tems
aprés étant prié par le Pape Leon ,
de le vouloir delivrer de la main de
Campul , & Sylvestre ses ennemis; il
y alla, & par ce moyen il se fit couronner Empereur, & confirma au Pape la
donnation du Roi Pepin son pere, &
depuis ce tems-là, par transaction
entre le Roi & l'Empereur l'Empire fût partagé & celui d'Occident
demeura à Charlemagne, lequel ue
voulut pas approuver les decisions
du Synode Grec, mais fit un livre
intitulé, *Traité de Charlemagne con-*
tre le Synode Grec, touchant les Ima-
ges, qui se voit encore aujour'dhui.

Et

Et ce qui eſt deciſif pour nôtre queſtion, c'eſt que le Roi ſe maintint par
ce moyen en la poſſeſſion de faire des
loix pour l'Egliſe dont il y en a pluſieurs au livre inſcript, *Capitu-
laires de Charles le Grand.* Et à l'exemple de Pepin ſon pere qui avoit
convoqué un Concile à Bourges ,
lui auſſi en convoqua pluſieurs en
divers endroits de ſon Royaume, à
Mayence , à Tours , à Reins à
Chaalons, à Arles , & le ſixiéme
le plus celebre de tous fut à Franc-
fort , auquel il aſſiſta en perſonne ,
fit condamner l'erreur de Felician ,
& le Concile de Nice. *Or il eſt
neceſſaire de remarquer en cet endroit, que l'election des Evêques,
même de celui de Rome, étoit ſu-
jette à la confirmation de l'Empereur , & à faute de ſon inveſtiture, ils
n'euſſent point été conſacrez, comme portent les † Canons, où ſe lit la
confirmation de St. Ambroiſe par
l'Empereur Valentinian. De cèt
ancien droit commun aux Empereurs, vient que Charle-magne ayant
partagé l'Empire & tranſigé avec
E l'Em-

* *Sigeb. en l'an 773.*
† *Can. Vota. Can. Agatho. 63. diſt.*

l'Empereur d'Orient, convoqua un
Concile à Rome, afin de faire paſſer
un nouveau titre en ſa perſonne,
& une reconnoiſſance par les Eccleſiaſtiques, touchant ce droit de con-
firmer les Evêques, qui apartenoit
de toute ancienneté aux Empereurs
ſes Predeceſſeurs; d'où l'on peut voir
que c'eſt mal à propos que les Papes
ont voulu qualifier cette declaration
& reconnoiſſance, du nom, de Privilege & faveur de Rome ou gratifi-
cation faite au Roi Charles le Grand,
car c'eſt un droit commun, ancien &
divin, & alors furent dreſſez le Canon *Hadrianus*, & depuis celui qui ſe
commence * *in Synodo.*

INNOCENT XI.

Mais le Cardinal Bellarmin n'a-
t-il pas prouvé le contraire, & n'a t-il
pas ſavamment ſoutenu que le droit
des Empereurs & Rois eſt fondé ſur
les bonnes graces des Papes, &
qu'ils n'en peuvent uſer que tant
qu'il leur plaira.

INNOCENT XI.

Il eſt vrai, mais la Doctrine de ce
Jeſuite eſt erronée & tout-a-fait con-
trai-

* *Can. Hadrianus Can. In Synodo* 63. *diſ-*
tinct.

traire aux Canons ainſi que je viens
de le faire voir, & comme je le prouverai encore dans la ſuite.

INNOCENT XI.

Voyons donc la ſuite.

MAZARIN.

Nous avons donc montré comment les Rois T. C. ont maintenu
leurs droits pendant les deux premieres Races, auquel tems on ne
publioit dans les Chaires point d'autre doctrine que celle des Canons
Anciens, qui porte *que c'eſt une paction
* generalle de la ſocieté humaine d'o-
beïr au Prince* : Laqu'elle on con-
firmoit par l'exemple du Roi d'Iſ-
raël qui commanda à Hilkija Souverain ſacrificateur, & par le témoignage de St. Hierôme, diſant,
il faut être fidelles † aux Princes &
Paiſſances ſuperieures, autrement nul
ne peut eſperer ſalaire de Dieu. Or
entre tous les Rois, les Canoniſtes
mêmes diſent que le Roi de France
eſt le Roi ‡ des Rois, qu'il paroit entre les

E 2

au-

---

* *Can. qua contra 8. Diſt. 93. & in ſumma*
diſt. c. qui culpatur 23. q. 3. textus, & gl. cap.
Si epiſc. 18. diſt.

† *Cap. principibus 23 q. 4.*

‡ *Cardin. Clem. 1. pr. de immunit Eccl.*

autres comme l'Etoile du matin * *par-*
mi la Nueé.

Cette dignité Royalle confiderée
dans ce haut degré d'élevation, a
fait que les Canoniftes n'ont point
fait la difficulté que les Jefuites font
aujour'dhui, de reconnoître le Roi
pour *Vicaire de Jefus-Chrift* † *en fon*
Royaume, & même de le qualifier
Dieu corporel, *& deleguè de Dieu* ‡
en terre.

Je pourois même ajoûter pour
prouver qu'il eft bien raifonnable
que les Rois T. C. foient independans de toute autre Puiffance que
de Dieu, par les marques & les ca-
racteres de Divinité qu'ils poffedent
preferablement à tous les autres
Princes temporels. Par exemple
le don de guerir les *efcroüelles*, *l'hui-*
le d'onftion, *les fleurs de lys*, *& lau-*
riflame, au lieu que toute l'Antiqui-
té fabuleufe, où veritable, n'a don-
n ‑‑ 'un *Palladium* à Troye la fa-
meufe, qu'un *Bouclier* à Rome la
su‑

---

* *Bald. Cap. L. S. 1. de prohib. feud. alien. idem*
Confil. 415. part. 1.

* *Felinus cap. cum non liceat de prafcr. Bal.*
cap. fignificanib? de off. delegati.

‡ *Bald. d. loco & de prohib feud. a... & de*
e Conftantia.

superbe; & un *signe de croix* au Ciel, pour augure de victoire, au bon Empereur Constantin. Les qu'elles prerogatives reconnuës par les Papes, ont fait qu'Innocent IV. accorda dix jours d'indulgence *à ceux qui prieroient pour le Roi, & Clement y en ajoûta cent àutres.

INNOCENT XI.

A ce sens nous n'avons donc rien à dire sur le temporel, ni sur le spirituel des Rois de France, & selon vous ils sont tout-à-fait independans du St. siege.

MAZARIN.

Senza dubio. Car d'autant que les Rois de France sont si absolus, de la vient que leur Royaume n'est point compté entre les fiefs, parcequ'ils ne rendent hommage qu'à Dieu, duquel seul leur Couronne releve : & parce que toute autre fidelité presuppose une servitude contraire à cette Souveraine liberté, aussi les Rois T. C. ne reconnoissent en aucune façon ni l'Empereur, ni l'Empire Romain; prerogative dont ils ont joüi depuis Pharamond premier

E 3 R^r_i

* *Thom. 4. sent. q. 19 art. 3. in fol. ult. arg. gl. in v. tenerctur in proc. prag. sanct.*

Roi des Franç ois. Et ce droit leur
est d'autant plus inconteſtable, qu'il
a été reconnu par pluſieurs Papes,
outre qu'il eſt fondé ſur les loix na-
turelles. Par exemple on convient
qu'un bon citoyen doit preferer le
ſalut de ſa Patrie à ſa propre vie & de
ſes plus proches; auſſi tient-on qu'il
faut obeïr au Roi plûtot qu'à ſon
Pere naturel d'autant qu'il eſt le
mari * & pere de la Patrie mere
commune des habitans. D'où il
ſenſuit que le Cardinal Bellarmin
établiſſant une autre puiſſance temporelle que celle du Roi, ſur ſon
Royaume, qu'il fait les Papes adul-
teres temporels. Or de cette raiſon
fondamentale, ancienne & naturelle,
vient cette deciſion que, , *ſi un Prelat eſt appellé par ſon ſuperieur, &
par le Roi en même tems, il doit obeïr
† au Roi plûtot qu'au Prelat.* Le même eſt dit d'un Evêque tenant fief du
Roi, car il lui doit obeïſſance plûtot qu'au Pape même , ſelon qu'en
ſeignent les docteurs anciens contre

<hr>

* *Lucan Pater Urbique maritus Plutar. in*
inſtitut. Trajani.
† *Can. Si Epiſcopus* 18. *diſt. C. de reb.* 12.

tre la nouvelle opinion. Et parce
que l'on definit la Loy, *une ordonnance du Souverain*, il n'apartient
qu'au Roi d'en faire, où de les abro-
ger dans tout son Royaume. Car
qui est ce qui a le plus d'interêt de
veiller pour tous les membres, que
celui qui en est le Chef?

INNOCENT XI.

Pour refuter ce que vous venez
d'avancer, je vous allegue le Canon, *Ego Ludovicus*, où il est prouvé que la coûtume des Rois est d'envoyer aux Papes leur prometre une
amittie de spirituelle filiation.

MAZARIN.

Cela ne prouve rien parce que
cette deference ne regarde simple-
ment que la charge de Pasteur, qu'exerce le moindre Curé, avec autant
de pouvoir que le premier Evêque.
Mais quand au Souverain Pontife, il
est obligé incontinent aprés son
élection d'envoyer, les articles de sa
Confession au Roi, qui a droit
de la faire examiner par la Sorbonne, reconnoître si elle est Oxtho-
doxe, selon ce qui fut pratiqué par
les Papes Pelagius & Boniface VIII.

E 4   és

* *Bald. C. i. de Constitu. C. constitut. 2 dist.*

és regnes de Childeric & Philippe le
Bel. De cette Puiſſance ſouveraine,
fondée en droit humain, divin, & ancien, s'enſuit que le Roi T. C. peut de
ſa propre autorité ſans le conſentement du Pape, * impoſer tribut ſur les
Eccleſiaſtiques , quoique les Papes
pretendent que le ſeul Roi de France
ait ce droit qu'ils apellent privilege ;
mais quand cela ſeroit ainſi, ce
droit eſt toûjours irrevocable , étant
attaché au bien public , & non pas à
la perſonne ; outre que cette impo-
ſition ſe prend par le Roi non-ſeulement ſur le temporel ſujet de ſa
nature à la defence du public , mais
auſſi ſur le reſte du revenu Eccleſiaſtique , ſelon que le Roi Loüis
XII. leva la dixiéme des fruits des
benéfices , au tems d'Alexandre
VI. en l'année 1498. Autant en fit
le Roi François I. en l'année 1630.
au tems de Clement VII. C'eſt
pourquoi la * gloſe de la Clemence
dit que cela ſe pratique ordinaire-
ment en France.

I N N O C E N T X I.

*Maʒarini , Maʒarini , voi chete
buono franchezze.* M A-

* *Bonif. in bulla in ſerta in lib. liliel de qua*
• *. ſsrral &c.*

† *Clem. ſi beneficiorum.*

MAZARIN.

Aspettato uno poco. J'ajoûte au contraire à ce que je viens de dire à l'avantage des Rois T. C., que les Papes ne peuvent impofer, ni lever aucun fubfide fur les benefices : C'eſt pourquoi la gloſe du Decret *des Annates* raporte que le Roi Louïs XII. & ſes Succeſſeurs ont defendu de telles levées : Et le Roi Charles V. en fit donner Arrêt contre le Pape Benoiſt III. Outre cela le Procureur General du Roi obtint un pareil jugement, l'an 1463. fous le regne de * Loüis XI. lequel convoqua pluſieurs Prelats, ce qui fut auſſi pratiqué fous le regne de Philippe le Bel. Et quoique ſelon l'opinion de vôtre Sainteté, nul Laic puiſſe diſpoſer des choſes ſpirituelles, non pas même en faveur de l'Egliſe, tant s'enfaut que vous leur accordiés le droit de les poſſeder ; toutefois le Roi T. C. peut & l'un & l'autre, ainſi qu'il a été reconnu au Concile de Bâle, † titre des Annates. Auſſi ſelon Guaguin ce droit de conferer les benefices eſt tellement Royal, qu'il

E 5

n'y

* *Guag. lib. 9. C. 3. & lib. 7. Cap. 3.*
† *Guag. lib. 7. C. 3. Cap. 2. de Decimis.*

n'y a rien au Royaume qui apartien-
ne mieux au Roi ; & cela non point
en vertu de l'onction, car nonob-
ftant icelle il demeure pur Layc felon la Doctrine des Canons ; c'eft
pourquoi le confentement du Roi
eft neceffaire és élections des Prêlats avant qu'ils foient confacrez.
Sur ce droit commun , ancien &
divin propre à tous Rois font fondez les Arrêts des Parlemens.

I N N O C E N T X I.

Si vôtre Eminence foûtient avec
tant de chaleur les droits du Roi T.
C. il n'y a qu'a conclure tout d'un
coup pour abreger , qu'enfin le Roi
de France eft Pape lui-même dans
fon Royaume, qu'il a la puiffance
de lier & de delier , & que par confequent, il n'eft point obligé de reconnoître la Religion Romaine,
mais qu'il peut lui-même fi bon lui
femble former une nouvelle Secte
qu'on apellera la Religion de Louïs
le Grand.

M A Z A R I N.

*Piano, chi va piano fantiffimo Pa-
dre, va fano.* Je prie donc vôtre
Sainteté de me vouloir permettre de
l'éclaircir à fonds des droits *del figlio
mio,*

(99)

mio, je me perfuade que par là je ferai connoître à vôtre Sainteté qu'elle n'a pas eu raifon de difputer au
Roi T. C. les droits de la Regale
auffi bien que les antres prerogatives
qui ont été concedées à fesPredecef-
feurs par les autres Pontifes, & que
l'opiniatreté que vôtre Sainteté a fait
paroître pendant tout le cours, de
fon Pontificat a été trés mal fondée.

INNOCENT XI.

Voyons donc la fuite de vôtre difcours.

MAZARIN.

J'ajoûterai donc à ce que je viens
de dire, qu'outre la Collation, le
Roi T. C. peut tenir des benefices
& * les poffeder, & de fait il eft
qualifié Chanoine de St. Hillaire à
Poitiers, de St. Martin à Tours,
Angers & Mans. Et quoique le Roi
ne reçoive aucun Ordre les † Canoniftes neantmoins tiennent que le Roi
Trés-Chrétien peut exercer la Charge de Soûfdiacre, & que Charles
VIII. en ufa ainfi le Pape celebrant.

E 6 Auffi-

* *Pavor in repetite §. quia vro Coll. 3. Cap. ex
tirpand, de præbendis.*

† *Gl. Cap. Valentinianus 63. diff.*

Auſſi precede-t-il tous ſes *Prelats
ſelon que tiennent Panorme & Innocent, même ils lui doivent hommage lige† qui porte fidelité envers &
contre tous ſans exception. Et pour
montrer que c'eſt en qualité d'Evêques qu'ils ſe ſoumettent, c'eſt que
faiſant le ſerment ils ont ‡ l'Eſtole
au col, la main ſur l'eſtomac & l'E-
vangille devant eux. Mais les Laics
rendent leur hommage à genoux &
les mains jointes. Pour la même
raiſon ils doivent auſſi aſſiſter le Roi
en tems de guerre, outre cela ils
peuvent être deſtituez de leurs fiefs
pour felonie. Auſſi n'apartient-il
qu'au Roi de leur donner grace en
matiere de crime, ni de reformer
l'Egliſe, faiſaint pour cet effet aſſembler ſes Princes, & les Prêlats,
ſans que l'autorité du Pape y ſoit re-
quiſe, comme raporte Vinc-Cy-
gant, diſant avoir reçû des lettres du
Roi, avec le commandement de
reformer les Cordeliers de la grand'
Manche; de la il faut conclure que
                                    le

* Pan C. verum de fœcecopat. Innæ Cap. No-
verunt de ſententia excommun.
  † C. minus & ibi Pan. dein rejur. item ſuper.
  ‡ Gl. V. Corporalis cet circa de Elect. lib. 6. ſe-
cundum Pan.

le Roi seul , ainsi que le remarquent
les Docteurs * Canonistes est vicaire & Lieutenant General de Dieu
dans son Royaume , *habens vim
Apostoli,* ayant même droit d'excommunier. Et quand à sa personne & à ses sujets , le Pape ne les peut
ni excommunier , ni anathematiser,
ainsi que le confessent même Clement V. & Jean XXII. Papes.

I N N O C E N T X I.

Par qu'elle raison sont-ils donc
exems des foudres du Vatican?

M A Z A R I N.

Cyguant en donne la raison † titre
de Hostiensis , savoir, *que Dieu est
le mieux servi & reveré en France, &
que la Maison de France est Sainte en foi
& en œuvres.* Et d'autant que la famille jouït des mêmes droits que son
‡ Seigneur , de la vient que les Officiers & les Ministres du Roi , ne
peuvent non plus être anathemati-
sez par les foudres des Papes. C'est
pourquoi Charles V. l'an 1369. fit
inhiber tous par Lettres Patentes à tous

E 7   Pré-

* ... è novo jure l b. 2. Regal.
qui allegat ... prog ... & gl. v. du cibus 33. dist.
& gl...
† Cyguant tract. de factis princ.
‡ Cap. Ecclesia l. 2. q. 8l.

Prêlats & Officiaux de faire ou prononcer cenfure ou excommunication venant de Rome , és Villes &
lieux de fon obéïffance. Et Charles
VII. auffi par Lettres Patentes du 2.
Septembre 1440. manda à la Cour,
du Prevot de Paris & autres Juges
la même chofe. Par tous ces témoignages , il fe voit clairement que vôtre Sainteté étoit mal fondée lorfqu'elle excommunia le Marquis de
Lavardin ; que les Droits de Regal-
le & autres dont les Rois de France font revetus leur apartiennent par
droit divin & l'ufage qu'en ont fait
les Patriarches, les Rois de Jerufa-
lem la primitive Eglife, Conftantin,
Juftinian , Charle-magne & leurs
Succeffeurs jufques à ce jour. Con-
féquemment, que l'on l'appelle mal
à propos privilege de l'Eglife Gallicane, ou cas privilegié, car ce ne
font point des faveurs de la Cour
de Rome, mais des dons de Dieu,
ce n'eft point un affranchiffement,
c'eft une ingenuité naturelle de l'E-
glife Chrêtienne, avant qû'il y eut
Pape ni même d'Evêque à Rome,
& cela fuffit pour rendre ces droits
inconteftables aux Rois T. C.

IN-

INNOCENT XI.

Quoi qu'il en foit, comme la poffeffion de ces droits a été fortement difputée aux Rois de la troifiéme Race par mes Predeceffeurs. Je me fuis vû obligé de les foûtenir, la gloire & l'interêt du St. Siege m'y engageoient, & tant qu'il a plû à la divine providence de me laiffer dans le monde, je me fuis declaré l'ennemi irreconciliable du Roi T. C. je l'ai même menacé de l'excommunier, s'il ne me rendoit une obéïffance filialle & s'il ne reconnoiffoit mes Brefs, pour fouffrir qu'ils fuffent executez dans toute leur étendüe & vigueur.

MAZARIN.

Je ne fçai fi vôtre Sainteté, avoit tout le droit, qu'elle s'imagine d'en ufer ainfi, comme je viens de le faire voir, attendu que les premiers attentats des Papes, contre l'autorité des Rois de France, ayant commencé en la troifiéme Race, l'hiftoire remarque qu'ils fe font neantmoins maintenus en leurs droits jufques à prefent, témoin ce qui fe paffa au couronnement * d'Hugues Capet,

le.

* *Platine & autres.*

lequel aprés avoir été reconnu Roi
par les Etats, & les loix du Royaume, alla droit à Reims pour se faire
sacrer sans se mettre en peine de l'a-
probation du Pape Jean XII. qui
voulut dans la suite vanger le mepris
que Hugues Capet avoit fait de son
autorité. Cependant comme Hugues Capet étoit un bon Prince, il
ne poussa pas les choses about. Mais
l'Empereur Henri en usa bien autrement, car étant venu à Rome, il
deposa Jean XII. qui étoit un monstre dans l'Eglise, fit élire Leon VIII.
en sa Place par le Concile qu'il fit assembler, & voulut ensuite que Leon
VIII. reconnut les droits qui étoient
dûs à Sa Majesté Imperiale suivant
les Canons. Je pourois encore raporter ici ce qui se passa en l'année
1320. au sujet des demelez qu'eut
Philippe IV. dit le Bel avec le Pape
Boniface VIII. lequel écrivit au Roi
en ces termes. * *Nous voulons que tu
sçaches que tu es nôtre sujet tant au spirituel qu'au temporel.* Le Roi lui fit
la reponse qui suit, *soit avertie ta trés-
grande sotise & esgarée temerité qu'ès
choses temporelles nous n'avons que Dieu
pour*

* *Annales Nicolas Giles.*

pour superieur. Cependant le ressentiment de Philippe IV. ne se borna
pas-là, car ayant commandé à un
Seigneur de Languedoc Albigeois,
de la Maison de Nogaret de se saisir
de ce * Pape, il l'enferma dans une
prison, où il finit malheureusement
ses jours. Ces exemples & un grand
nombre d'autres, que nous pourions
raporter suffisent pour prouver que
la France, n'étoit pas tout-à-fait si
mal fondée, lorsqu'elle vous a voulu disputer l'autorité que vous pre-
tendez sur le temporel des Rois.

I N N O C E N T X I.

*Mazarini voi chete troppo franchez-
ze.* Mazarin vous étez trop François pour parler autrement, & je ne
suis pas surpris que vous vous inte-
ressiés si fort à justifier la conduite de
la France. Quoique vous ne soyez
que trop persuadé, que s'il y a eu
des Princes qui nous ont disputé les
droits, qui nous ont été de tout tems
acquis, & qui nous sont incontesta-
bles, ce n'est tout au plus que dans
le tems des Schismes.

M A-

* *C'est de lui qu'on a dit, Il est entré au Papat,
comme un Renard, à regné comme un Lion, &
est mort comme un Chien.*

MAZARIN.

Je n'entre point dans cette difcu-
tion , parce que cela nous meneroit
trop loin : Mais je fçai qu'il s'eft paffé de regnes où les Rois de France,
n'ont guere fait de cas des droits des
Souverains Pontifes , non plus que
des foudres du Vatican. Temoin ce
qui eft raporté de François le Grand ,
ce Prince avoit fûr les bras l'Empereur , le Roi d'Angleterre , le Duc
de Milan , & plufieurs autres Ennemis , & quelque excommunié qu'il
fut , cela n'empêcha pas qu'il ne dit
hardiment. *Que s'il étoit contraint
d'aller en Italie , querir fon abfolution,
qu'il iroit fi bien accompagné , qu'on
l'envoyeroit au devant de lui.* Quel
traitement fit-on aux Legats du Pape
Benoît , qui furent contraints de
voir dechirer leurs Bulles devant le
Palais en confequence de l'Arrêt,
qui avoit été rendu par le Parlement
fous le regne de Charles VI. * ce qui
fe paffa en l'année 1408. le 29. de
Juillet. Revenons à Boniface dont
la Bulle fut en prefence du Roi , jet-
tée dans le feu par le Comte d'Ar-
tois , fes Nonces furent conftituez
pri-

* *Papon Arreft. lib. tit. 5. Arrêt 27.*

prisonniers , & l'on fit defenses de porter de l'argent à Rome , ni de s'y pourvoir d'aucuns benefices. Outre cela le Roi ayant fait transferer le siege du Pape à Avignon , il y demeura soixante & quatorze ans, pendant lequel tems il y eut six Antipapes, trois en même tems , qui furent tout trois déposez par Sigifmond Empereur. Et le Pape Jean XXII. ne fut-il pas aussi deposé pour avoir mal à propos excommunié l'Empereur Loüis de Baviere. Et du depuis sous le Regne de Loüis XI. le Pape Eugene , se voulant formaliser de la Pragmatique Sanction dressée au Concile de Bâle, le Roi n'usa t-il pas du remede souverain , dont ses Predecesseurs s'étoient servi dans tous les demelez qu'ils avoient eu avec la Cour de Rome , car il fit defense de porter de l'argent à Rome. Et afin que vôtre Sainteté sçache que ce n'est pas peu de chose que cela, c'est qu'il fut trouvé que le Pape tiroit de la France un * million d'or par an , qui est le tribut que les Romains levoyent de toutes les Gaules ; ces belles & bonnes sommes valent s'il me

---

* *Suet. in vita Julii Cæsaris.*

me semble bien la peine que les Papes menagent un peu la France, &
qu'ils n'en viennent jamais à des si
facheuses extremitez, que de rompre avec elle. Je conclus donc que
vôtre Sainteté n'a pas été bien con-
seillée quand elle à porté les choses
si loin. Mais passons aux autres évenemens.

INNOCENT. XI.

Quant aux évenemens arrivez
dans l'Europe, *del mio tempo*, je
vous dirai qu'ils sont en si grand
nombre que je suis persuadé qu'il n'y
a pas eu de siecle si fécond en prodiges, ou plûtôt en tromperies, perfidies & mechancetez. *Vostro figlio
sempre perfido & sempre furbo*, enle-
va à l'Empire la ville de Strasbourg,
en l'année 1681. sous pretexte qu'il
ne faisoit rien qu'en execution des
Traitez de Munster & de Nimegue;
quoique toute l'Europe sçache trés-
bien que ses droits sur cette Place,
n'avoient point d'autre fondement
que l'ambition, & l'avidité insatiable qu'il à toûjours eu de ravir le bien
d'autrui. Le Marquis de Louvois
uno furfante fut celui qui se chargea
de cette Negociation, & par le
moyen

moyen *del lo splendore del Louïse fran-*
chezze, il corrompit les Magiſtrats,
& les porta à la livrer entre les mains
du Roi ſon Maître.

MAZARIN.

Si j'en dois croire le raport de
Colbert avec qui je m'entretenois il
y a quelques jours, Strasbourg a été
de bonne priſe pour le Roi. Parce
diſoit-il, qu'étant une ancienne. dependance de l'Alſace, elle n'avoit pû
être demembrée de cette Province,
ſans un notable prejudice pour le
Roi T. C. en conſequence de la ceſſion qui lui avoit été faite de l'Alſace
par les Traitez de Munſter, & de
Nimegue, qu'ainſi par droit de reü-
nion cette Capitale lui devoit apar-
tenir.

INNOCENT XI.

Il ſcelerato Colbert, à mal informé
vôtre Eminence, parce qu'il eſt reconnu de toute la terre que cette Ville a été libre, & independante depuis plus de deux cens ans, & que le
Roi T. C. lui même la reconnûë
pour telle juſques au jour preſent,
ainſi que l'experience la fait voir.
Mais que dira vôtre Eminence de la
ville & fortereſſe de Caſal, *la ſbarra*
& la

& la porta della Italia. Le Roi T. C.
pouvoit-il en bonne conscience l'a-
cheter du Duc de Mantouë sans l'a-
veu de l'Empereur, puisqu'elle est un
fief de l'Empire, la Bulle d'Or ne l'y
obligeoit-il pas. Mais *vestro figlio ,
un huomo fatto ad ogni cosa*, se mocquant de toutes ces formalitez , fit
compter deux millions cinq cens
mille livres , & s'en empara sans se
mettre en peine si cela deplaisoit à
l'Empereur ou non. La suite à bien
fait voir à tous les Princes Ultramontains que si le Duc de Mantouë ,
avoit vendu sa liberté en vendant la
capitale de ses Etats , ils n'avoient
qu'à se preparer à subir bientôt aprés
le joug de la France. Effectivement
le Roi T. C. s'étant rendu Maître
de la barriere qui les mettoient à l'a-
bri de son ambitieuse domination ,
n'a fait dans la suite que troubler le
repos de l'Italie , & je ne pense pas
qu'il y ait de Prince , d'Etat ou de
Republique à qui il n'ait fait des nouvelles affaires , témoin le Duché de
Milan , la Republique de Genes , &
l'Etat Ecclesiastique dont j'ai ressen-
ti les plus cruëls effets tout le tems
de mon Pontificat. J'en appellé à
té-

témoin tous les Cardinaux du Sacré College nos Confreres. Je vous demande si aprés tant d'outrages sanglants, nous avons eu sujet d'être amis de cette Couronne, & si je n'étois pas en droit de l'excommunier, & de lancer sur sa personne les plus terribles foudres du Vatican, *ma uno poco di patientia.*

MAZARIN.

Ma mio Santissimo Padre. Mais je vous prie Sainct Pere, que ces ressentimens particuliers n'interrompent point le recit, & la suite de tant d'événemens, que je vous suplie de m'aprendre.

INNOCENT XI.

Je ne sçaurois qu'avec une extrême douleur satisfaire à vôtre curiosité, & quand je repasse dans mon esprit tant de perfidies, de Traitez rompus, des Paix violées, & de cruels outrages, dont toute la Chrétienté gemit presentement, je suis dans des peines plus cruelles que celles de l'Enfer. Pour revenir donc à nôtre sujet, puisque vous le souhaitez, nous dirons un mot des Duchéz des deux Ponts, & de Montbeliard. Le Roi T. C. ayant erigé la celebre Chambre de Justice de Mets *questo monstro che*

che diuora & inghiotte tutte ; monſtre qui devore & engloutit tous les Etats qui ſont à ſa bienſeance , l'on fit ſignifier au Prince de Montbeliard & au Roi de Suede qu'ils devoient rendre foi , & hommage à la France, parce que ces deux Duchez étoient fiefs mouvants de l'Evêché de Mets ; & parce que ces deux Princes refuſerent de ſubir l'eſclavage de la France , ſans autre formalité , ils en furent depoüillez. Le Roi T. C. en revetit le Prince de Birkenfeld , qui n'eut pas de la peine à ſubir le joug de dependance & de ſoumiſſion , pour des Etats qui ne lui apartenoient pas , & dont le Roi T. C. lui faiſoient preſent , ainſi voilà *il Re ve ſtro figlio* , *ſempre perfido & ſempre ingannatore.*

M A Z A R I N.

Ma Santiſſimo Padre Odeſcalchy. Mais St. Pere ſi je ne me trompe, il me ſemble d'avoir entendu dire à Colbert *mio benevolo amico* , que le Roi T. C. n'avoit point eu d'autre deſſein dans cette affaire que celui de conſerver ces deux Duchez , juſques à ce que le Roi de Suede , & le Duc Adolphe ſon Oncle ſe fuſſent reconciliez , & euſſent terminé les diffe-

differents qui étoient en queſtion , &
qui faiſoient qu'on ne ſçavoit à qui la
Duché des Deux-Ponts devoit apar-
tenir. Cela étant ainſi le Roi T. C.
n'a pas eu tout le tort que vous lui at-
tribuez , puis qu'il s'emparoit d'un
bien qui n'avoit point de Maître.

INNOCENT XI.

O ! *huomo dà bene* , ô ! l'homme de
bien. Si cela eſt ainſi d'où vient donc
que le Roi T. C. ne la pas rendu à
celui à qui il apartenoit , lorſque les
differens de ces deux Princes ont été
terminez ? & d'où vient qu'il en a fait
preſent au Prince de Birkenfeld ;
quel droit avoit-il de donner à un autre , un bien qui ne lui apartenoit
pas ? Avoüez donc avec moi , que
l'ambition inſatiable de ravir le bien
d'autrui a fait agir dans cette affaire ,
*il veſtro figlio ſempre perfido & ſempre
furbo.*

MAZARIN.

Mais voyons la ſuite ?

INNOCENT XI.

La ſuite ne veut pas plus que le
commencement , & ce Prince *
hombre para todo , ne reſpectant ni
Dieu, ni Diable, m'attaqua de nouveau,

F

* En Eſpagnol, *qui eſt à tout faire.*

veau, & me declara en l'année 1681.
la plus cruëlle guerre qu'aucun Prince Chrêtien, ait jamais fait contre
aucun Prince spirituel. Je veux dire
que l'Archevêque de Paris Esclave
s'il en fut jamais, lorsqu'il s'agit de
sacrifier les interêts de l'Eglise à ceux
du Roi son Maître, se mocquant de
mes Brefs, par lesquels je disputois
à cette Couronne les Droits de la
Regale, fit bien voir par la conduite
qu'il tint aprés la mort de l'Evêque
de Pamiers, & au sujet des Reli-
gieuses de Charonne, qu'il étoit Pape en France, tandis que je l'étois à
Rome. Mais pour ne plus entretenir vôtre Eminence sur des faits qui
me regardent personnellement, vous
ayant déja assez fait connoître, combien j'ai sujet de me plaindre des outrages que j'ai reçû du fils aîné de l'E-
glise, je dirai seulement pour faire
l'éloge de cette conduite, que tandis que *il figlio vestro sempre perfido &*
*sempre * calvitroso*, attaquoit ainsi le
Saint Siege, & me persecutoit à ou-
trance, témoin les larmes que j'ai
mille, & mille fois versées dans le
giron de l'Eglise, d'un autre côté
pour

* *Remuant.*

pour fe reconcilier avec cette Sainte
Mere, ou plûtôt pour tromper tous
les fidelles Chrêtiens, & faire illu-
fion à toute la Chrêtienté, il faifoit
fouffrir aux Religionnaires de fon
Royaume les maux les plus cruëls,
& les plus barbares ; conduite qui
faira honte dans les fiecles à venir à
tous les Princes qui porteront le nom
de Trés-Chrêtien, & de fils aîné de
l'Eglife. Je ne m'étendrai point à
vous faire le recit de toutes les mife-
res qui fuivirent la revocation de
l'Edit de Nantes, parce que je fuis
perfuadé que les Ames d'un grand
nombre de ces malheureux, qui ont
paffé le fleuve, n'auront pas manqué
de vous en inftruire, & même de
vous reprocher en face, comme il
le difent tout haut dans le monde,
que vous étés *il monftro abominevole,*
dont leur Monarque à apris tant de
belles chofes. J'ajouterai feulement
ici que je ne l'ai jamais aprouvé,
quoique le Roi T. C. fit fonner bien
haut fon zelle, & que l'Avocat Ta-
lon dit en plein Parlement que ce
Monarque venoit de reünir plufieurs
millions d'Ames à l'Eglife, & l'E-
vêque de Maux ajoûtoit *admirez*

　　　　　　　　　Chrê-

*Chrêtiens ces voyes de Lis & de Roses,
dont Sa Majesté vient de se servir pour
la conversion de tant d'heretiques.* Je
demande à vôtre Eminence , quel
raport il y a des Apôtres qui ont prê-
ché l'Evangile , & converti les peuples par la douceur & l'humanité , à
des Dragons qui tenant le flambeau
d'une main , & l'épée nuë de l'autre
ont été les Ministres de cette detestable Mission : Que ! des Blasphemes :
Que ! des Sacrileges, j'ai horreur
quand j'y songe. Cependant le fils
aîné de l'Eglise me faisant soliciter à
Rome par ses Ambassadeurs de
vouloir soûcrire à toutes ces crüautez , sur le refus que j'en fis , il m'a
traité de Partial , de Moliniste , de
Schismatique , de Janseniste , & même de Huguenot.

M A Z A R I N.

Mio Santissimo Padre , nous n'aurions jamais fait , s'il falloit examiner à fonds les demelez particuliers ,
que vous avez eu *con figlio mio.* Je
vous ai déja expliqué mes sentimens
la dessus : *& la ostinatione di vostra
Santità ,* a été la source de tous ces
emportemens. Passons je vous prié
aux autres évenemens. Le tems qui
nous reste est court.   In-

INNOCENT. XI.

Toute l'Europe se flatoit, aprés la Paix de Nimegue que, *il figlio ves-tro*, aprés avoir uni au Domaine de la Couronne de France, tant de beaux Etats, & de belles Provinces, que les Princes liguez avoient été contraints de lui ceder par ce Traité : Que rassasié dis-je de tant de Conquêtes, il donneroit enfin des bornes à son ambition; mais comme il est né insatiable, l'experience nous fit voir en l'année 1683. que cette passion ne devoit finir qu'avec son regne. Ainsi *sempre perfido & sempre volontarioso d'honore*, il declara la guerre à l'Espagne, fit entrer ses Armées sous la conduite du Marechal d'Humieres dans les Païs-Bas, s'empara de Courtrai, & fit porter le feu & la desolation jusques aux portes de Mons, en réduisant en cendres tous les villages,& même ceux qui étoient au de la de Bruxelles.

MAZARIN.

Mais l'Espagne n'avoit-elle pas elle même déja donné lieu à tous ces desordres.

INNOCENT XI.

Quand la Cour d'Espagne en por-

ta

ta fes plaintes , *il veftro figlio* , n'eut
point d'autre raifon pour juftifier fa
conduite , fi ce n'eft que le Gouverneur des Païs-Bas avoit commis des
hoftilitez fur fes fujets , pretexte
d'autant plus chimerique , que les
Efpagnols laffez de la guerre prece-
dente ne fongeoient à rien moins
qu'à donner des nouveaux ombrages
à la France; mais comme le Proverbe dit qu'Avignon eft , *il culo del
Papa;* la Principauté d'Orange , *il
culo* des Princes de ce nom , il me
femble que l'on pouroit auffi dire que
les Païs-Bas font le cu des Rois d'Efpagne , de forte que quand les Rois
T. C. ont envie de foücter les Princes de cette Maifon leur ennemie irreconciliable , ils s'en prennent d'a-
bort aux Païs-Bas Efpagnols leurs
plus proches voifins. N'étoit ce pas-
là un beau pretexte pour renouveller
la guerre , & rallumer des torches
qui fumoient encore & qui n'avoient
été éteintes que depuis trois ans, aprés
avoir ravagé toute la Chrêtienté depuis l'année 1672.

MAZARIN.

Si cela eft ainfi, j'avoüe, *che il figlio
mio,* avoit une terrible demangeai-
fon, *del mancare di fede.*   IN-

INNOCENT XI.

Ma aspettato uno poco, mais un peu
de patience. A peine ce feu fut éteint,
que l'année suivante le Roi T. C. le
ralluma par des nouvelles entreprises, qu'il forma sur l'importante ville de Luxembourg la Clef de toute
l'Allemagne ; & tandis que tous les
Princes de l'Europe se reposoient
sur la bonne foi du derniere Traité,
*il monstro del ambitione che non è mai
satio*, se reveilla. De sorte que ce
Monarque ayant fait marcher une
puissante Armée, sous le commandement du Maréchal de Crequy, on
mit le siege devant Luxembourg,
qui se rendit faute de secours dans le
sein de la paix, tandis que tous les
Princes Alliez de l'Espagne, qui
avoient mis les armes bas, furent
contraints d'être simples spectateurs
de ce nouvel attentat, qui portoit un
coup mortel à leur liberté.

MAZARIN.

A propos de ce siege, je me re-
souviens d'avoir eu quelques mo-
mens de conversation sur les bords
du Stix, avec le Marquis d'Humic-
res fils du Maréchal, je le rencontrai comme il venoit de passer la Bar-

 que,

que de Caron , & lui ayant demandé
quel étoit le sujet , qui lui avoit fait
quitter le monde à la fleur de son age,
il me repondit par des soupirs, que c'é-
toit bien malgré lui, mais que la gloire du Roi mon fils, & sa propre fortune l'ayant porté à s'exposer un peu
trop au siege de cette place , cela lui
avoit coûté la vie ; qu'enfin il avoit
quitté le monde en laissant son pere
dans le dernier accablement de l'a-
voir perdu , & que son afliction étoit
d'autant plus grande & plus sensible ,
qu'il étoit le fils unique de sa famille.
Je lui fis plusieurs questions sur l'état
auquel il avoit laissé les affaires de
la Chrêtienté , mais le Dieu des Enfers lui ayant envoyé ordre de se rendre promtement à la Cour Infernalle , nous fumes contraints de nous
separer , & du depuis je ne l'ai pas
revû. Je mourois cependant d'envie d'aprendre de lui les particulari-
tez de ce siege , & les motifs qui
avoient porté le Roi à l'entreprendre.
Mais sans nous arrêter plus long-
-tems ici , continüez je vous prié le
recit des autres Evenemens.

I N N O C E N T X I.
Je vous dirai donc que le Roi

T. C.

T. C. continuant ſes brigandages &
ſes crüautez dans les Païs-Bas Eſpa-
gnols *ogni la Chriſtianità peina di timo-
re* trembloit ſous le poids de ſes armes victorieuſes & triomphantes, l'I-
talie même n'étoit pas à couvert de
ce foudre de guerre ; témoin le cruel
traitement qu'il fit faire à la Sereniſſime Republique de Genes nôtre Alliée, par ſon armée Navalle. Car
le Marquis de Seignelay ayant eu
ordre de ce Prince de s'embarquer
à la tête d'une formidable flotte la
terreur de toute la Mediterranée,
s'avança juſques ſur les côtes de cette Republique, & ayant moüillé l'en-
cre à la portée du Canon de cette
Ville avec un grand nombre de Gal-
liotes propres à bombarder, reduiſit
en cendres ſes plus ſuperbes Palais ;
toute la Ville fut en feu, les Mo-
naſteres & les lieux Saincts n'en furent point exempts ; les Religieux &
les Religieuſes auſſi bien que les autres peuples furent contraints de ſe
ſauver & d'aller chercher azile dans
les montagnes & les deſerts ; femmes & enfans, tout étoit dans la
derniere deſolation ; & quand j'y ſon-
ge les larmes me viennent aux yeux.
F 5   MA-

MAZARIN.

Ma mio fantiſſimo Padre, je ne
penſe pas que *il Re Chriſtianiſſimo
figlio mio*, ſe porta à de tels excez, ſi
Genoua la ſouperba n'eut pouſſé about
le reſſentiment de ce Prince par
quelque crüel attentat.

INNOCENT XI.

Tutto ciò che è, c'eſt que cette Republique refuſoit d'obéïr à ce Prince, qu'elle étoit trop puiſſante, &
que pour faire trembler tous les autres Etats d'Italie & rendre ſon nom
la terreur de cette partie de la Chrêtienté, comme il l'étoit déja du reſte
de l'Univers; il falloit dis-je que cette Republique devint la victime de
ſon ambition & de ſa cruauté, qu'elle ſervit d'exemple aux autres Princes Ultramontains, & qu'elle les
advertit tacitement que Loüis le
Grand étoit le Monarque Univerſel & le Jupiter de ſon ſiecle qui
commandoit à toute la terre ;
qu'ainſi tous les autres Princes de
la Chrêtienté trop heureux d'être ſes
Vaſſeaux & de reconnoître *il monarchia Univerſale*, *di grande Ludovico* n'avoient plus qu'a vivre dans
une entiere ſoûmiſſion.

MA-

MAZARIN.

Cofi, fi cela eft ainfi, je defaprou-
ve la conduite *del figlio mio* dans cette rencontre.

INNOCENT XI.

Ce n'eft pas tout ; aprés cette
Barbarie , le Roi T. C. non content d'avoir ruiné cette Republique
& de l'avoir ainfi humilliée, il voulut encore qu'elle lui fut tributaire,
& que fon Doge fuivi de quatre Senateurs s'en vint en France lui rendre fes tres-humbles homages ; &
quoi qu'il foit porté par les ftatuts
& les loix de la Republique, que le
Doge fortant de Genes eft déchû de
la Souveraineté : Cependant ce
Monarque voulut que cette qualité
lui fut confervée & qu'il fut Doge
auffi bien à Paris qu'il l'étoit à Genes. Pour cet effet il voulut qu'il
lui parla la tête couverte, & les quatre Senateurs decouverts étant en
Robbes de Ceremonie. Aprés cette demarche qui couvrira à jamais
cette Republique de honte, & d'infamie , ce Prince renvoya le Doge, & lui dit en partant *qu'il aprit à
obéïr & à reverer les ordres du plus
grand Monarque de toute la Chrétienté.*

F 6 MA-

MAZARIN.

O! *Maraviglià. Ma santissimo Padre* : Comment se terminerent enfin les nouveaux differents survenus entre les deux Maisons ?

INNOCENT XI.

La France s'étant donc emparée de Luxembourg, comme je l'ai dit, & l'Espagne se voyant perpetuellement fatiguée par mille & mille crüautez, *per la ambitione di Franchezzi*, fut enfin contrainte de soûcrire à une Trêve de 20. ans que le Roi T. C. lui proposa ; & par ce Traité qui n'é- toit qu'un leurre dont ce Prince cou- vroit son ambition, la Province de Luxembourg, Beaumont, Bouvi- nes & Chimay lui furent cedez. Les Provinces Unies, aussi bien que l'Empire consentirent pareillement à la Trêve, dans l'esperance, que ce dernier Traité mettroit enfin des bornes à l'insatiabilité de ce Monar- que. Toutes les Puissances de l'Eu- rope mirent donc encore les armes bas pour la troisiéme fois, & les peuples se flattant de joüir d'un long repos commençoient à se réjoüir & à benir le jour qui venoit de re- concilier tant de Souverains, & ter-

miner

miner des differents qui étoient à la veille de, rallumer une sanglante guerre.

MAZARIN.

Voilà donc la Paix encore une fois concluë.

INNOCENT XI.

Si Signore, ma per poco tempo. Car vôtre Monarque ayant trouvé le moyen quelques années auparavant de s'allier *con lo Principe Musulmano, lo detestabile nemico de tutti li popoli che crede in Christo,* suivant les principes que vous lui aviez donné. Tous les Princes Chrêtiens se virent encore obligez de reprendre les armes qu'ils venoient à peine de quitter, pour venir au secours *de lo Imperatore Leopoldo,* & de l'Empire, dont la Capitalle étoit assiegée par toutes les forces Ottomannes.

MAZARIN.

Come va la cosa? Comment cela?

INNOCENT XI.

Come va la cosa? per la sceleratezza & lo manco di fedeltà del Re Christianissimo. Car ce Monarque aprés avoir desolé les Etats de ses voisins, & reduit les Princes Chrétiens qui étoient en état de s'opofer à ses des-

seins,

feins, dans l'impuiſſance d'aſſembler des forces capables de lui diſpu-
ter le terrein, à quoi il étoit facilement parvenu, par les continuelles
infractions de tous les Traitez qu'il
avoit conclus avec eux, ainſi que je
viens de vous le repreſenter. Voyant
dis-je que tout plioit à ſa puiſſance,
& que toute l'Europe laſſe & fatiguée
de la guerre, ſe repoſoit ſur la bonne foi du dernier Traité qui étoit
celui de Nimegue, crut qu'il n'y
avoit plus de tems à perdre, & que
ſa bonne fortune l'avertiſſoit qu'il
falloit pouſſer about la roüe, en faiſant éclater le Chef-d'œuvre de ſon
Regne ; ce Chef-d'œuvre eſt *la Mo-*
narchia Univerſale del grande Ludovi-
co : Monſtre s'il en fut jamais , &
qui avoit été enſeveli dans l'oubli,
depuis le Regne des Charles-Quint
juſques à nos jours.

M A Z A R I N.

Per Diavolo ! Comment *il Re Lu-*
dovico XIV. figlio mio aſpiroit à la
Monarchie Univerſelle ?

I N N O C E N T X I.

Si Signore è coſa certa, pour certain.

M A-

M A Z A R I N.

Ma Come queſto, mais comment cela ?

I N N O C E N T   X I.

Voici comment. Le Comte Tekeli s'étant rendu incognitò à la Cour de France, le Roi T. C. fit un Traité avec lui, par lequel, il s'engageoit de lui fournir l'argent & tout ce qui feroit neceſſaire pour foûtenir la guerre en Hongrie ; & celui ci de fon côté s'engagea de perfuader le Turc à porter fes armes dans l'Empire en rompant la Trêve qui étoit entre les deux Empereurs. La revolte des Hongrois Proteſtans devoit donner le premier branle à ce monſtre d'ambition. Par le Traité qui fut fait peu de tems aprés entre le Sultan & le Roi T. C. il fut conclu, que la Porte debuteroit d'abord par le Siege de Vienne, capitale l'Empire, en faifant marcher devant cette importante Place, le boulevart de toute la Chrêtienté, une armée de deux cent mille Combatans ; que le Roi, T. C. fourniroit pour cette expedition quatre millions qui lui feroient comptez à Conſtantinople, par M.

de

de Chateau-neuf fon Ambaffadeur,
le premier jour de la marche de
l'Armée Ottomanne ; qu'outre cela
le Roi T. C. lui fourniroit un bon
nombre d'Officiers François expe-
rimentez , auffi bien que des Inge-
nieurs , un beau train d'Artillerie &
les munitions dont il auroit befoin,
en les faifant transporter par la Mediterranée des Ports de Marfeille &
de Toulon aux havres de fa Hauteffe
à Conftantinople. Ce qui fut promtement & fidelement executé de la
part du Roi T. C.

M A Z A R I N

Mio Dio? mio fantiffimo Padre? que
m'aprenez vous là.

I N N O C E N T X I.

Ma uno poco di patientia. Aprés
ces preliminaires , il fut encore conclu , que tandis que le Sultan rava-
geroit l'Empire , & porteroit le feu,
le fer & la defolation par toute la
Chrêtienté , le Fils Ainé de l'Eglife, feroit fpectateur fur le Rhyn à
la tête d'une puiffante armée , tant
pour faire diverfion des Armes de
l'Empereur Chrêtien , que pour
donner de l'ombrage aux autres
Princes Membres de l'Empire , &
les

les empêcher par là d'aller au fecours de Vienne.

MAZARIN.

Mais qu'eft ce que revenoit à
mon fils de tout cela?

INNOCENT XI.

Molto. Ma affettato uno poco. Il
fut encore conclu par le même Traité de Confederation, qu'aprez la pri-
fe de la Capitalé de toute l'Allemagne, l'Empire feroit pertagé entre
l'Empereur Ottoman & fon Allié
il Re Chriftianiffimo. Le fils ainé
de l'Eglife fe refervant en ce cas ,
qu'il lui feroit permis de faire couronner Monfeigneur le Dauphin fon
fils Roi des Romains , pour poffeder
à perpetuité la partie de l'Empire
qui lui écheroit fuivant le partage
qui en feroit fait, & dont on con-
viendroit dans la fuite, aprés la re-
duction entiere de toute l'Allemagne.

MAZARIN.

Per Diauolo ? voilà des terribles
evenemens.

INNOCENT XI.

*Si fignore : Ma anchora uno poco
di patientia.*

MA-

MAZARIN.

Compito dunque voſtro diſcorſo.
Voyons donc la fin ?

INNOCENT XI.

Tandis que cette ſanglante Tra-
gedie ſe joüeoit ; l'Empereur qui ne
ſavoit où donner de la tête, & qui
ſe voyoit à la veille de perdre tous ſes
Etats avec la Couronne Imperiàlle;
outre qu'il ne ſavoit encore rien de
tous les miſteres que contenoit l'Alliance concluë entre le Sultan & la
France turbaniſée , parce qu'elle
avoit été tenüe fort ſecrete , ne fit
point façon de s'adreſſer au fils Aîné de l'Egliſe , en le faiſant prier de
lui vouloir donner du ſecours. Ce
grand Prince infortuné lui fit repreſenter la deſolation & la ruine entiere de toute la Chrêtienté , s'il refuſoit aux larmes de l'Egliſe & aux
prieres preſſantes de tous les Princes Chrêtiens ſes freres , une prom-
te aſſiſtance. *Ma il Re Ludovico
indemoniato*, qui n'avoit rien en veüe
que ſes grands deſſeins , bien loin
de compatir aux calamitez & aux
malheurs qui afligeoient l'Europe
Chrêtienne , fit allumer des feux de
joye,

joye, & de rejouiſſance dans la capitale de ſon Royaume.

MAZARIN.

Comment, il refuſa ce ſecours
aux larmes de l’Egliſe & aux inſtan-
tes prieres de tous les Princes Chrêtiens, contre les infidelles ? *O! la
perfidia O! la ſceleratezza.*

INNOCENT XI.

Nò ſignore. Le fils ainé de l’Egliſe eſt trop bon Chrêtien & trop ſen-
ſible pour cela.

MAZARIN.

Come dunque: Comment donc ?

INNOCENT XI.

Come queſto. Le voici, c’eſt que le
Roi T. C. fit reponſe à l’Empereur,
qu’il étoit prêt d’envoyer à ſon ſecours un corps de trente mille hommes, à condition que ſa Majeſté
Imperialle permetroit que ce corps
fut commandé par un Chef François, & qu’il agiroit ſeparement,
ſans être diviſé, ni joint au reſte
des troupes Imperialles ; ne ſont ce
pas là des belles offres ?

MAZARIN.

Senza dubbio ; ſans doute.

INNOCENT XI.

Belles en apparence, mais voyons
la

la fin & le but qu'avoit le Roi T. C.
en faisant de semblables propositions ; son but étoit de faire passer
ce corps d'Armée composé de ses
meilleures troupes dans le cœur de
l'Empire, aprés avoir donné ordre
sous main au General qui les com-
manderoit de se joindre à l'Armée
Infidelle, pour agir conjointement
avec elle à la ruine de la Chrêtienté
& de tous les Princes Chrêtiens.

M a z a r i n.
è egli vero, est-il vrai?

I n n o c e n t X I.
Si Signore per certo.

M a z a r i n.
O! *la perfidia*, O! *la sceleratez-*
za. Mais comment l'Empereur se
tirât il d'un peril si eminent ?

I n n o c e n t X I.
Avec des peines inconcevables ,
& je puis dire sans vanité avoir été
celui qui a le plus contribué à sa delivrance & à celle de toute la Chrêtienté. Car dès aussi-tôt que j'eu
appris le deplorable état où l'Empire se trouvoit reduit par le siege de
Vienne, & l'aprehention que toute
l'Europe Chrêtienne avoit que l'Empereur Turc ne s'en rendit maître ,
&

& n'arbora enfuite le Croiſſant & l'E-
tendart, de l'infame Mahomet fur
toutes les Egliſes de l'Empire. Touché dis-je ſenſiblement des malheurs
qui afligeoient le Chriſtianiſme j'é-
crivis avec des larmes de fang au
Roi de Pologne & à tous les Princes & Electeurs de l'Allemagne, pour
les exhorter à prendre promtement
les armes pour venir au ſecours de
cette Câpitale ; j'ouvris même les
Treſors de l'Egliſe, & je repandis
à plaines mains toutes les richeſſes
de St. Pierre pour lever une puiſſante armée, deſorte que le Roi de Pologne Prince vaillant & courageux
s'il en fut jamais, s'étant laiſſé flechîr
par mes larmes & par mes prieres,
ſe mit à la tete de l'Armée Chrêtienne compoſée des troupes auxilliai-
res des Princes de l'Empire, & mar-
cha ſoutenu des Electeurs contre les Ottomans, qu'il defit par une
memorable bataille où il reſta plus
de cent mille hommes fur la place;
ainſi Dieu vint au ſecours de mon
fils l'Empereur Leopold, & trom-
pa les malheureuſes eſperances que
le fils ainé de l'Egliſe avoit conçuës

de

de la totalle ruine de ce pieux & zellé Prince.

MAZARIN.

*O la cosa miracolosa ! O la gran
maraviglia !*

INNOCENT XI.

* *Maraviglia non pensata*, & qui
couvriront à jamais de honte &
d'infamie *il Re Christianissimo*. Aprés
cette signallée victoire il ne s'est jamais rien vû de plus grand & de plus
éclatant que la joye & les rejouïf-
fances publiques des peuples & des
Princes Chrétiens qui y avoient eu
part, & qui s'étoient interessez à la
delivrance de la Chrêtienté ; comme aussi il n'y avoit rien de plus pi-
toyable & de plus lamentable que la
deroute d'un nombre innombrable
d'Infidelles dont toute la Campagne à dix lieux a la ronde étoit couverte criant à plein gosier *la alla
illba mehemet rasoul ;* apellans a leur
secours le Dieu grand, & le grand
Prophete Mahomet.

MAZARIN.

Ma santissime Padre ; aprenez moi
je vous prie, qu'elle a été la suite
d'un si grand évenement ?

* *Merveilles.*

I N-

Innocent XI.

Je ferois trop long, fi je voulois raporter ici tous les combats & les batailles fanglantes qui fe font encore données du depuis, auffi bien que tous les fieges, & les prifes des Villes qui ont été les fruits des travaux des Chrêtiens Victorieux, qui n'ont fait du depuis qu'entaffer conquêtes fur conquetes & remporter victoire fur victoire. Les plaines de Hongrie regorgent encore du fang des Infidelles, & c'eft-là où nos braves Imperiaux Chrêtiens ont cueili un grand nombre de lauriers qui les conduifent à l'immortalité, témoin le bravo Lorraine la gloire de fon fiecle, que vous avez fans doute rencontré dans ces lieux, lorfqu'il a paffé la Barque.

Mazarin.

Non je ne l'ai pas vû ce pauvre Prince; aprenez moi, je vous prie, le fort fatal qui la ravi du monde à la fleur de fon age.

Innocent XI.

Molto piange, je verfe des larmes quand j'y fonge,

Mazarin.

Ma ancora; mais encore, eft il mort

mort de maladie, ou bien dans quelque combat ?

INNOCENT XI.

Nò Signore, *per lo veleno*, par le
poison.

MAZAR'IN.

A Dios, *per lo veleno?* par le poison, mon Dieu ?

INNOCENT XI.

Si Signore per lo veleno.

MAZARIN.

Cofi dunque, Comment donc ?

INNOCENT. XI.

Cofi des frippons de Moines l'ont
empoisonné, ce magnanime Prince
dans un tems où il avoit rendu des
grands services à la Chrêtienté, &
dans un tems où il étoit à la veille de
tentrer dans ses Etats chargé de
gloire & de lauriers qu'il venoit de
moissonner par ses victoires sur le
Danube & sur le Rhein. La France jalouse m'impose silence la dessus, parlons d'autre chose.

MAZARIN.

Cofi, la France jalousie, *il Re
Christianissimd figlio mio*, auroit-il eu
quelque part dans une si detestable
action

I N-

INNOCENT XI.
Per Dios, questo è senza dubbio.
MAZARIN.
O fatto maleditto.
INNOCENT XI.
Brisons là & n'en parlons plus.
Pour revenir donc au recit des évenemens qui se font passez *del mio
tempo*, je vous dirai que le Roi T. C.
voyant que la fortune l'avoit abandonné du côté de l'Empire au milieu de sa plus belle carierre, par le
mauvais succez que les armes Ottomannes avoient eu, ne songea plus
qu'à reparer ce contre-tems (qui
venoit de faucher ses plus belles esperances dans un moment), par
une fermeté inebranlable, par une
politique admirable selon le monde,
& par un air de mépris & de domination qui imposoit beaucoup sur
l'esprit des peuples, semblable aux
joüeurs habilles qui ne se deconcer-
tent point pour avoir perdu une fois.
J'advoüe que cette methode est admirable, mais peu solide, tous ces
airs aparents d'une politique fein-
te, ne guerissent jamais le cœur des
allarmes mortelles, & des maux qu'il
ressent, lorsque la fortune lui fait

G

faux

faux bond, & qu'elle l'abandonne au milieu des triomphes & de victoires, pour le couvrir de honte & d'infamie. Je vous laisse à penser qu'elle fut sa mortification, lorsqu'il vit arriver à Versailles le courier qui lui aportoit une si triste nouvelle. Il est vrai que l'irruption des Infidelles dans l'Empire, lui avoit déja couté bien des millions, mais que n'auroit-il pas donné pour se delivrer du mortel deplaisir qu'il ressentit en aprenant leur fatalle deroute : il auroit sans doute sacrifié son domaine, & pour le moins la moitie des revenus de la Couronne, pourvû cependant que l'Europe Chrêtienne n'en eut rien sçû, car s'est un Prince qui aime le secret, & à qui le mal ne fait point de la peine, pourvû qu'il soit assuré qu'il en impose aux esprits credules. Qu'importe dit-il de faire du mal, pourvû qu'en apparence je passe pour un Prince zellé pour la Religion, pour l'extirpateur des Heritiques & le defenseur de la foi. *O! mio Dio quelle Hipocrita!*

M A Z A R I N.

In vero, figlio mio fa Cose grandi

& maraviglia ; en verité il faut advouër que mon fils fait des choses surprenantes.

INNOCENT XI.

Si signore ; ma aspettato il fine ; il est vrai, mais voyons la fin. *Il Re Christianissimo,* avoit comme nous avons dit conclu une Trêve de 20. années avec l'Espagne laqu'elle fut ratifiée le 20. de Septembre de l'année 1684. C'est-à-dire quatre où cinq mois aprés la prise de Luxemburg. Les Provinces Unies se flattant de joüir d'un long repos, & d'accroitre pendant ce tems-là leur richesses, par la liberté de leur commerce que la paix rend florissant, consentirent aussi à la Trêve. L'Empereur, qui voioit ses coffres épuisez de finances, que la guerre de Hongrie lui coutoit, fut pareillement bien-aise d'acheter la paix du coté du Rhin, aimant mieux sacrifier une partie du ressentiment qui le rendoit irreconciliable pour jamais avec la France sa mortelle ennemie, que de s'engager tout à la fois à soutenir la guerre contre la Porte & le Roi T. C. son Allié ; la bonne Politique vouloit qu'il usât de ce temperament

ment

ment, & qu'il temporisât avec l'un,
tandis qu'il rangeroit l'autre à la raison: Ainsi *Lo Imporatere Leopoldo*, accablé des chagrins & des inquietudes
que la guerre du Turc lui donnoit,
se resolut enfin à signer cette Trêve,
quoi qu'il fut bien persuadé que la
France couvroit sous ce masque
trompeur quelque serpent dange-
reux, ainsi que l'experience la fait
voir.

M A Z A R I N.

Comment entendez-vous cela?

I N N O C E N T XI.

Je l'entends, en ce que, *il Re
Christianissimo*, voyant qu'il y avoit
plus à gagner pour lui pendant la
Paix, que dans une guerre ouverte,
suivant ses premieres maximes, &
la route qu'il avoit tenuë depuis la
Paix des Pirennées *sempre pigliare
& niente rendere*; qui étoit de prendre toûjours à bon compte & de ne
rien rendre, s'imagina qu'en pro-
posant une Trêve de 20. ans à des
Princes lassez de la guerre, & qui
avoient conçû des terribles ombrages de la grandeur de sa puissance,
s'estimeroient encore trop heureux,
s'ils pouvoient l'obtenir, & se delivrer

vrer pour une bonne fois, du moins
pendant cet espace de tems , des
outrages & des querelles perpetuel-
les que ce Monarque remüant leur
faifoit.   Outre que la confiance
que la plûpart de ces Puiffances
avoient , que pendant les fufdites 20.
années, il feroit arrivé quelque revolution dans l'Europe, les portoit
à fe determiner à foûcrire aveugle-
ment à ce Traité, ne doutant nullement qu'il n'arivât dans le monde
par la mort de ce Monarque , ou de
quelque autre Prince, quelque contre-tems capable d'humilier la France, & de la faire defcendre de ce
haut degré d'élevation où elle étoit
montée.   Ainfi le Roi T C. n'eut
pas de la peine à les porter à l'accepter.

MAZARIN.
Ma Santiffimo Padre, eft-il poffi-
ble qu'il n'y eut point de Prince, ou
de Puiffance dans l'Europe, qui fut
pour lors en état de faire tête *à mon
fils il Re Chriftianiffimo.*
INNOCENT XI.
Nò Signore.
MAZARIN.
Come nò ; comment non ?

INNOCENT XI.

Nò, non. La Maison d'Autriche n'eſt plus ce quelle a été ſous les Regnes des Charles-Quint & des Philippes II ; il ne falloit pour lors qu'un de ces Princes pour ranger à la raiſon les Rois Trés-Chrêtiens, au lieu que preſentement , l'union même des deux Princes leurs Succeſſeurs ne peut rien contre la Fran-ce.

MAZARIN

Come queſto, comment cela ?

INNOCENT XI.

L'un & l'autre ſont trop bons Princes , & aiment trop le repos & la tranquillité, ſe repoſant de toutes les affaires de leur gouvernement ſur le Conſeil des Miniſtres, bien ſouvent Penſionnaires de la France, qui ſacrifient leurs Maîtres & leurs États au plus offrant, n'ayant pour Idole que leur propre fortune, *& li abominevole Louize di Franchezzi.*

MAZARIN.

Il faut donc qu'il regne preſentement une étrange corruption parmi les hommes.

INNOCENT XI.

Si grande che non è da credere. Si gran-

grande qu’elle n’est pas croyable.

MAZARIN.

Mais du moins si la Maison d’Autriche n’étoit pas capable toute seule, de s’oppofer aux attentats du Roi T. C., vous conviendrez avec moi, que comme il s’agiſſoit du repos de toute l’Europe, & de la conſervation des Etats Voiſins de la France; il étoit par conſequent de l’Interêt de tous les Princes en général de former une puiſſante ligue, par l’union de toutes leurs forces, pour obligec le Roi T. C. les armes à la main, à tenir ſa parole, & à ne point violer les Traitez qu’il avoit conclus.

INNOCENT XI.

Queſto è vero, je l’avoüe, & ſi j’avois été crû dans le commencement, comme je l’ai été dans la ſuite, les affaires n’en ſeroient jamais venuës à l’extremité où je les ai laiſſées en partant du monde.

MAZARIN.

Come Dunque, comment donc?

INNOCENT XI.

J’ai écrit mille fois à l’Empereur, & au Roi Catholique ſur ce ſujet, & je puis dire ſans vanité que j’ai pris tous les ſoins imaginables pour les

por-

porter à ce que vous dites ; parce que
je connoiſſois le fonds des affaires,
& que je voyois effectivement, qu'il
n'y avoit rien au monde, qui fut capable d'arrêter ce torrent impetueux
d'ambition, qu'une puiſſante Confederation entre tous les Princes
Chrêtiens, attendu que l'impuiſſance de la Maiſon d'Autriche, ne permettoit pas qu'elle ſeule entreprit un
ſi grand deſſein. J'ai même affecté
tout le tems de mon Pontificat,
d'entretenir quelques liaiſons avec
les Princes Proteſtans, dans la veüe
de les faire entrer dans cette Ligue ;
auſſi pendant mon regne, on ne faiſoit point difficulté de m'appeller le
Pape des Huguenots, & les Huguenots reciproquement m'appelloient
leur Patron & leur Protecteur. Des
raiſons politiques m'ont engagé à en
agir ainſi, parce qu'effectivement,
je voyois qu'il étoit impoſſible aux
Princes Catholiques, de ſe pouvoir
paſſer d'eux, & de leur ſecours,
pour former une ligue qui fut capable d'humilier la France. Il y a dix
ans que j'ai travaillé à cette importante affaire ſans jamais avoir pû
reuſſir juſques à ce jour, comme je
vous

vous le raporterai dans la fuite.

MAZARIN.

Santiſſimo Padre, Je ne ſçaurois garder plus long-tems le ſilence ſur une choſe que vous venez d'avancer, parce que la delicateſſe de ma conſcience ne me le permêt pas.

INNOCENT XI.

Queſto ? quoi ?

MAZARIN.

C'eſt que dans le commencement de cette converſation, lorſque vous m'avez fait le recit des ſujets de plainte que vous aviez contre la France, & ſur tout des cruëls outrages dont le Roi T. C. avoit chargé vôtre Sainteté, en vous appellant fauteur des Hérétiques ; vôtre Sainteté ma paruë ſi ſenſiblement touchée de tous ces reproches, qu'effectivement, je ne me ſuis pû empêcher de blâmer la conduite *del figlio mio.* Cependant, ô ! *li ſcandalo*, ô ! l'eſcandale, vôtre Sainteté avoüe elle même qu'elle à entretenu commerce avec les Hérétiques.

INNOCENT XI.

Per Dio ! Si vôtre Eminence à bien fait reflexion à ce que je viens d'avancer, Je ſuis perſuadé, que bien

 loin.

loin qu'elle blâme ma conduite à cet
égard , elle la loüera ; je lui ai dit
que ce qui m'avoit porté à en agir
ainſi , étoit l'état deplorable auquel
le fils aîné de l'Egliſe avoit reduit la
Chrêtienté , & l'impuiſſance dans la
qu'elle ſe trouvoient pour lors tous
les Princes Chrêtiens , particulierement la Maiſon d'Autriche , qui a
été de tout tems le plus ferme apui ,
& le plus puiſſant rampart de la Religion Romaine. Ce Prince *che fa
coſe grandi* , qui ravageoit tout , &
qui comme un furieux , & un enra-
gé la torche ardente d'une main , &
l'épée nuë de l'autre , rempliſſoit toute l'Europe Chrêtienne de ſang & de
carnage , ordonnant à ſes Armées ,
& à ſes Généraux de ne pas même
épargner les Lieux Saints , & Sacrez ,
chaſſant les Prêtres des Egliſes , les
Religieux & les Religieuſes de leurs
ſaintes Solitudes , reduiſant en cendres les Palais & les Maiſons Roya-
les des plus grands Princes de l'Europe , faiſant bruler les Villages , les
Bourgs & les * Villes entieres de pluſieurs Provinces , deterrer les morts
& les tirer des monumens pour ex-
po-

* *Les incendies du Palatinat.*

poser leurs cadavres à la voirie, afin
qu'ils devinssent la proye des cour-
beaux, s'alliant avec les Infidelles
pour ruiner l'Empire, menaçant le
St. Siege de porter la guerre en Italie, si je refusois de lui obeïr, & d'a-
prouver toutes ses crüautez, menaçant la Cour de Rome de faire un
Schisme, & de se separer de l'Eglise Romaine, si je lui disputois les
Franchisses des quartiers, les droits
de la Regale, & mes Brefs concernant l'Election des Evêques qui lui
étoient devoüez, faisant prononcer
des Arrêts à ses Cours de Parlement
contre mes Decrets, me faisant dire par ses Ambassadeurs qu'il feroit
assembler un nouveau Concile, &
me chargeant d'outrages aussi inju-
rieux à ma reputation & à ma con-
duîte, qui a été graces à Dieu irre-
prochable, que si j'avois été un
monstre dans l'Eglise, comme un
Jean XII. ou un Antipape, ou pour
le moins aussi méchant que le furent
les Silvestres, Jean, Gregoire, Boniface, Jules, Alexandre, & les
Sixtes, lesquels souvent ont mis la
Chrêtienté à feu & à sang. Aprés cela, je demande à vôtre Eminence,

 si j'ai

fi j'ai eu tort d'aprouver l'union des Princes Proteftans avec les Catholiques, pour former une Puiffance qui fut capable de ranger à la raifon le fils aîné de l'Eglife; puifque c'étoit l'unique refource qui reftoit à la Chrêtienté pour prevenir fa totalle ruine.

MAZARIN.

Cela étant ainfi, la conduite de vôtre Sainteté, a été en quelque maniere excufable.

INNOCENT XI.

Senza dubbio, il teftimonio di tutti li Chriftiani, en fait foi, & je n'avance rien qui ne foit généralement connu de toute la Chrêtienté.

MAZARIN.

Ma Santiffimo Padre Odefcalchy, vôtre Sainteté me permettra de lui dire encore, que j'ai de la peine à comprendre, qu'elle faffe tant du bruit de l'alliance du Roi T. C. avec le Sultan Empereur des Turcs; qu'elle ne fçauroit fouffrir, dis-je, que le fils aîné de l'Eglife ait entretenu une étroite correfpondance avec les Infidelles, & que cependant elle pretende qu'on aprouve les liaifons, quelle a eu avec les Princes

Pro-

Proteſtans, qui ſont pour le moins
autant Hérétiques que les Turcs ſont
Infidelles, les uns & les autres ſont
ennemis mortels, & irreconciliables
du St. Siege. Ainſi ſi vôtre Sainteté
a eu droit pour les Interêts de l'Egliſe, d'avoir recours à ceux là, il me
ſemble que le Roi T. C. n'en a pas
eu moins, de rechercher l'apuſ de
ceux-ci, pour ſe conſerver au haut
degré d'élevation où il eſt parvenu.
Si la bonne politique aprouve l'un,
elle ne doit pas condamner l'autre,
ce ſont des raiſons d'interêt qui vous
ont fait agir l'un & l'autre.

INNOCENT XI.

Nò Signore Mazarino. Il y a bien
de la difference, entre s'allier, avec
les Princes Proteſtans, ou les Mu-
ſulmans; les premiers ſont nos freres, & portent le nom de Chrétiens,
auſſi bien que nous; Je n'entre point
ici dans la diſcution des differens,
qui les ont porté à ſe ſeparer de nous,
ils n'en ſont pas pour cela moins
Chrétiens, & l'Egliſe les reconnoît
pour tels, de ſorte qu'il n'y a que le
nom de Romain qui nous diſtingue
d'eux: Au lieu que les Turcs ſont
des Infidelles, des Idolatres, les

mor-

mortels ennemis du Chriſtianiſme,
& le fleau de l'Egliſe. De ſorte que
les motifs qui m'ont porté à exhorter
la Maiſon d'Autriche, l'Empereur,
& le Roi Catholique, à ne faire point
ſcrupule de s'unir avec les Princes
Proteſtans, n'ont point eu d'autre
fondement que d'affermir par là la
Paix de l'Egliſe ; outre que je me
flattois dans la ſuite, que s'il plaiſoit
à Dieu de benir les Armes des Princes Catholiques, & de les rendre aſſez puiſſans pour ſe pouvoir paſſer
des Proteſtans, nous aurions pû les
ramener au giron de l'Egliſe, par la
douceur, ou par la force ; mais ce
n'eſt pas là l'ouvrage d'un jour. Au
lieu que les principes qui ont fait agir
le fils aîné de l'Egliſe, n'ont été fondez que ſur l'ambition, & le deſir inſatiable de regner ſeul dans le monde, & de ſacrifier pour cela le repos
de l'Egliſe; rendre toute la Chrêtienté eſclave & tributaire du Turc, &
faire enfin qu'au lieu de l'Evangile
de Jeſus Chriſt, on ne prêchât plus
dans l'Europe Chrêtienne, que l'Alcoran d'un Impoſteur Mahomet,
ô! *Dio coſa ontoſa*, ô! Dieu qu'elle
honte; *ma quelle vergogna per lo figli-*
volo

volo maggiore de la chiesa; mais encore qu'elle plus grande honte pour un fils aîné de l'Eglise.

MAZARIN.

Ma piano, Santiſſimo Padre, piano; que dira vôtre Sainteté, quand on lui faira voir, *che il Re Chriſtianiſſimo figlio mio,* n'a point eu d'autre but, en recherchant l'alliance des Mahometans, que celui de l'agrandiſſement de la Chrêtienté , & la converſion de ces Infidelles.

INNOCENT XI.

O! la coſa miracoloſa; ma come queſto? mais comment cela?

MAZARIN.

St. Pere je m'en vai vous l'expliquer. En premier lieu je conviens avec vôtre Sainteté, que le but du fils aîné de l'Eglise étoit de ſe rendre maître de l'Empire, de ſe faire couronner Empereur d'Occident, & le Dauphin ſon fils Roi des Romains, lorſqu'il a appellé les Turcs en Hongrie; je n'entre point dans le détail des droits qu'il a à la ſucceſſion de la Couronne Imperiale, comme Succeſſeur de Charlemagne, qu'il pretend lui avoir été injuſtement ravie par la Maiſon d'Autriche, cela ſeroit

rait trop long. Je dis donc que le
Roi T. C. ayant porté les Ottomans
par un coup de politique, aussi hardi
qu'admirable à rompre la Treve
avec l'Empereur Leopold , & ces
Infidelles étant entrez dans l'Empire avec toutes leurs forces, ainsi que
vôtre Sainteté m'en a fait le recit, le
but du Roi T. C. étoit de leur laisser
conquerir toute l'Allemagne , & de
se tenir cependant sur le Rhin, avec
toutes ses forces composées de bonnes Troupes fraîches, pour tomber
dessus les Ottomans, quelque bon
semblant qu'il fit d'être leur Allié,
& de les rechasser de l'Empire dans
le tems qu'ils auroient été épuisez,
& fatiguez, ce qu'il auroit pû executer avec beaucoup de facilité. Sup-
posons donc que la fortune eut favo-
risé ses desseins, & que la chose fut
arrivée comme il le souhaitoit; qui
doute aprés cela, qu'il ne fut marché lui même, aprés s'être fait couronner Empereur , à la tête d'une
formidable Armée, jusques aux portes de Constantinople ; & qu'aprés
avoir soûmis à son obeïssance les
Etats du Grand Seigneur, il n'eut
forcé les Infidelles d'ambrasser la
Chri-

Chriſtianiſme, avec autant de faci‑
lité & de ſuccez, qu'il avoit forcé
les Huguenots de ſon Royaume
d'abjurer leur Héréſie. Ainſi com‑
bien de millions d'Ames n'auroit‑il
pas ſauvées, & de combien de mil‑
lions d'Or n'auroit‑il pas augmenté
les revenus, & les richeſſes de l'E‑
gliſe ? Aprés cela vôtre Sainteté n'au‑
toit‑elle pas eu ſujet de ſeconder des
ſi glorieuſes & ſi ſaintes entrepriſes,
à l'exemple de ſes Predeceſſeurs qui
ont canoniſé un Saint Loüis, pour
avoir été le Chef des Croiſades, qui
ont fait la guerre de ſon tems à cet
Ennemi commun des Chrêtiens.

INNOCENT XI.

Nd Signore Mazarino. Vous con‑
viendrez toûjours avec moi, que ſi
l'évenement avoit repondu au but
qu'avoit ce Prince, l'Empereur &
les Membres de l'Empire, auroiént
été les premieres victimes de ſon
ambition ; quand à l'autre raiſon que
vous avancez, que le but de ce Mo‑
narque, étoit de tromper les Maho‑
metans par cette diverſion , pour
épuiſer les forces qui les rendent ſi
puiſſans, & ſi redoutables aux Prin‑
ces Chrêtiens, afin que la conquête
de

de leur Etats lui fit moins de la peine, & qu'il put en aprés les ranger à
l'obeiſſance de la Religion Romaine, c'eſt ce que je ne crois pas ; nous
connoiſſons de longue main les ruſes du fils aîné de l'Egliſe, & il y a
plus de l'aparence que ſon but étoit
d'aſſervir toute l'Allemagne, en ſe
ſervant du Turc, que de croire qu'il
n'avoit en veüe que l'agrandiſſement
du regne de Jeſus Chriſt & de l'E-
gliſe.

MAZARIN.

Je ne diſpute pas à vôtre Sainteté,
que l'Empereur n'eut perdu la Couronne Imperiale, & les Membres
de l'Empire leur liberté, cela ne ſe
pouvoit pas autrement ; mais ſon
principal but étoit la converſion des
Infidelles.

INNOCENT XI.

Et que feroient-devenus aprés cela
ces pauvres Princes ?

MAZARIN.

Les Vaſſaux du Monarque Univerſel.

INNOCENT XI.

C'eſt-à-dire de Princes Souverains, & independans, les Eſclaves,
& les ſujets du Roi T. C.

MA-

M A Z A R I N.

Si Santiſſimo Padre, ſenza dubbio.

I N N O C E N T   X I.

Per Dio! Il ſera donc permis à un Monarque, qui ne conſulte que ſon ambition, de mettre toute la Chrêtienté à feu & à ſang, de chaſſer des Princes Souverains de leurs Etats, de detrôner des Empereurs Chrêtiens, ſous le pretexte eſpecieux de n'avoir pour but que la converſion des Infidelles? Si le fils aîne de l'Egliſe avoit été capable de ſuivre le ſage conſeil de l'Auteur., qui a écrit des Rois de Babilonne, nous le lui aurions donné dans une ſemblable conjonéture : Cet Hiſtorien parle d'un certain Roi nommé Altadas, lequel ſuivant les paroles de Sleidan, qui en parle auſſi dans ſon Hiſtoire des quatre Empires. * Eſtimoit que
„ c'étoit une choſe vaine, & inuti-
„ le à un Roi de ſe fatiguer par mille
„ & mille travaux, & de s'embaraſ-
„ ſer l'eſprit de divers ſoins, pour
„ agran-

---

* *Qui vanum eſſe ducebat multis fatigari laboribus, & varris implicare curis amplificandi regni cauſâ, quando quidem ea res ad nullam hominum ſalutem, & utilitatem ſed ad detrimentum potius atque ſervitutem populi pertineret.* lib. 1. de quatuor imperiis.

„ agrandir son Royaume, vû que
„ cela ne contribüoit en rien au salut
„ & à l'utilité des hommes ; mais
„ au contraire ne servoit qu'à les
„ ruiner, & à les rendre Serfs & Es-
„ claves. Nous pourions ajouter à
ces paroles, que la Chrêtienté se seroit bien passée de tous les soins, &
de toutes les peines que ce Prince,
s'est données jusques à present, pour
reünir au giron de l'Eglise tant de
millions d'ames hérétiques, & infidelles, dont il se vante.

MAZARIN.

Les Princes ne sont pas dignes de
regner quand ils ne se distinguent
pas du reste des hommes, par l'ambition & le desir insatiable de s'agrandir, qui doit être l'éguillon qui les
doit exciter à la vertu & à la gloire,
sans quoi ils sont des flambeaux sans
lumiere dans le monde ; de sorte
qu'il est permis à un Monarque de
sacrifier tout à cette passion, qui
doit être leur favorité, & inseparable
des Princes magnanimes.

INNOCENT XI.

*Nò Signore Mazarino, voi andare
vagando quà & là;* vos maximes sont
fausses, & je ne suis point surpris si

le

le fils ainé de l'Eglise, à qui vous
les avez aprises dés sa plus tendre
jeunesse donne aujourd'hui tant de
peine à la Chrêtienté. Platine nous
fait une peinture bien diferente de
la vôtre des , vertus qui doivent briller dans la conduite des sages Princes, lorsque parlant de l'Empereur
Antonin le Pieux il lui donne entre
autres éloges celui-ci ; * „ Qu'il
„ avoit recherché la gloire dans là
„ guerre avec telle moderation , qu'il
„ s'étudioit plûtôt à defendre ses Pro-
„ vinces qu'à les augmenter ; adjou-
„ tant encore , que cet Empereur
„ avoit souvent en la bouche ce
„ mot notable de * Scipion , qui
„ doit être souvent repeté à un Roi :
„ qu'il aimoit mieux conserver un Ci-
„ toyen , que de perdre mille en-
„ nemis.

M A Z A R I N.

Si un Prince pretent de se borner
dans l'étenduë de ses Etats , & qu'il
n'entreprenne rien pendant son regne , qu'elle estime faira-t-on de lui ;
ne sera-t-il pas consideré dans le
mon-

----

* In vita S. Hygini Pontif. X.

† Malle se unum civem servare, quam. mille hostes occidre.

de comme un lache , & plûtot digne d'être mis au rang des Rois Fai-
neans dont l'hiftoire parle avec tant
de mépris, qu'au rang des :Princes
vertueux & vaillants qui ont relevé
la gloire de la Monarchie Françoife, & qui ont été l'admiration de
leur fiecle par leurs belles actions. ,

I N N O C E N T X I.

Nò Signore Mazarino ; témoin ce
que le favant * Erafme nous dit dans
fon inftitution du Prince Chrêtien.
,, Que c'eft une erreur qui s'eft glif-
,, fée parmi plufieurs Princes du
,, tems paffé , de croire qu'ils de-
,, voient faire tous leurs efforts
,, pour agrandir les limites de leurs
,, Etats , plûtôt que de travailler à
,, les rendre floriffans , quoi qu'il
,, foit arrivé bien fouvent, que pen-
,, fant gagner ce qu'ils n'avoient pas
,, ils ont perdu ce qu'ils avoient.
,, Ce n'eft pas fans raifon ajoute-t-
,, il que l'on a tant loüé la parole de
,, Theopompe, difant qu'il ne lui
,, importoit pas , de laiffer à fes en-
,, fans un Empire de grande étenduë
,, pourvû qu'il le laiffât en bon état &
,, bien

* Cap... Erafm. de princip. occipat. in parte...

,, bien affuré. Et il me femble
,, que ce proverbe Laconien , qui
,, ordonna à celui à qui eſt échüé
,, Sparte, d'embellir Sparte , meri-
,, teroit d'être mis pour deviſe dans
,, tous les Etendarts des Princes.
Voila des inſtructions pour les Souverains,& les Monarques de la terre,
bien differentes de celles que vous
avez donneés au fils ainé de l'E-
gliſe.

MAZARIN.

Per dicere in breve ; quoi qu'il en
ſoit pour abreger , je prie vôtre
Sainteté de vouloir continuer le recit des autres évenemens.

INNOCENT XI.

Pour continuer le recit des choſes qui ſe font paſſées *del mid tempo*
je vous dirai † *Che lo figlivolo maggiore de la Chieſa* avoit tellement rempli le monde du bruit de ſes actions
ou plûtôt de ſes brigandages , ainſi
que je vous l'ay raconté , que la
plûpart des Monarques les plus éloi-
gnez, Chrêtiens , ou Infidelles lui en-
voyerènt des Ambaſſadeurs extraor-
dinaires , pour le connoître. Et le
conſiderant en effet comme un
Prin

____
† *Fils ainé de l'Eglife.*

Prince qui paſſoit pour le Jupiter de
ſon ſiecle, & celui de tous les Monarques de la Terre qui faiſoit le plus
parler de lui, ils étoient dans la pen-
ſée qu'ils ne ſe pouvoient paſſer de
ſa protection & de ſa bienveillance,
imittant en ce cas les Indiens Idolatres qui rendent leurs hommages au
Demon, par la crainte qu'ils ont
qu'il ne leur faſſe du mal, & qu'il ne
les maltraite. Deſorte qu'on vit arriver en France pluſieurs Ambaſſadeurs
du Grand Duc de Moſcovie, du Roi
de Maroc & du Roi de Siam.

M A Z A R I N.
Comment, du Roi de Siam?

I N N O C E N T X I.

Si Signore, du Roi de Siam, &
c'eſt une choſe aſſez remarquable, de
voir la maniere dont le Roi T. C.
les reçût. Les Mandarins de ce
Prince ayant d'abord aproché Sa
Majeſté, ils ſe proſternerent le ventre
contre terre, en temoignant par cette profonde ſoûmiſſion, qu'ils n'é-
toient pas dignes de la regarder en
face, demeurant dans cet état juſques à ce que Sa Majeſté leur eut
fait ſigne de ſe relever.

M A-

(161)

M A Z A R I N.

Per Dio, * *lo figlivolo maggiore de
la Chiefa fa cofe grandi.* Mais encore
quel étoit le but de toutes ces Am-
baſſades ?

I N N O C E N T   X I.

La gloire & l'ambition du fils aîné de l'Egliſe y avoit la plus grande
part ; quand au reſte, il s'agiſſoit encore de conclure une Alliance ſecrete, avec ce Prince Idolatre pour la
ruine des Hollandois, ſemblable à
celle qui avoit été concluë avec les
Infidelles pour ruiner, & deſoler la
Maiſon d'Autriche & toute la Chrêtienté.

M A Z A R I N.

Ma come queſto, mais comment
cela ?

I N N O C E N T   X I.

La converſion de ce † Prince
Idolatre, en dèvoit être le pretexte
ſpecieux, comme la converſion des
Turc l'avoit été des deſordres arrivez dans la Chrêtienté.

M A Z A R I N.

Mais comment étoit-il poſſible au

H   Roi

* *Il faut avoüer que le fils ainé de l'Egliſe fait
des grandes choſes.*
† *Roi de Siam.*

Roi T. C. d'executer un si grand
projet ?

I N N O C E N T X I.

Par le moyen & l'entremise des
Jesuites, qu'il avoit envoyé dans ce
Royaume quelques années. auparavant, pour prendre langue, & s'in-
sinuër dans l'esprit de ce pauvre Prince Idolatre.

M A Z A R I N.

Messieurs les Jesuites rendent donc
des grands services au fils aîné de
l'Eglise.

I N N O C E N T X I.

Molto, fort grands, & tout passe
par leurs mains à la Cour de France ; ils sont aussi les plus grands ennemis que la Cour de Rome ait aujourd'hui, la raison de cela, est que
leur politique les porte à se ranger
toûjours du côté du plus fort, & cela fait que par un esprit de conplai-
sance ils aplaudissent à tout ce que le
fils aîné de l'Eglise entreprend, *ben
ò male*, bien ou mal.

M A Z A R I N.

Quelle étoit donc la vûë du Roi
T. C. en se rendant Maître du Roi
de Siam ?

I N-

INNOCENT XI.

Ho! ho! Signore Mazarino , cose grandi. En premier lieu le but de ce Monarque , étoit de s'emparer des Etats du Roi de Siam , afin que par ce moyen , il eut l'occasion de ruiner le commerce des Indes Orientales des Hollandois , dans la pensée qu'aprés les avoir affoibli , & leur avoir ôté ces abondantes sources qui les rendent Puissantissimes , & les font dans l'Europe les Arbitres des principaux differens , qui naissent parmi les têtes couronnées , il eut plus de facilité à les ranger sous sa dure domination , & les asservir à l'esclavage sous lequel il avoit déja reduit une bonne partie de l'Europe Chrêtienne ; cela est si vrai que la jalousie de ce Prince , n'a jamais regardé la puissance de cette Republique , qu'avec des yeux de mépris & d'envie , & dans toutes les occasions qui se font presentées , de lui donner des marques de son ressentiment , les Hollandois ont toûjours été ses premieres victimes , témoin les guerres de 72. Quoiqu'il en soit ce Monarque ne sçauroit souffrir , que des *Rebelles* , comme il les appelle,

H 2

soient

foient aujourd'hui affez puiffauts ,
pour tenir la balance égale entre les
deux Maifons, & l'empêcher enfin
qu'il n'opprime les aytres Princes de
l'Europe , qui lui font inferieurs en
puiffance.

M A Z A R I N.

Si les liaifons que le fils aîné de
l'Eglife avoit contractées , avec le
Roi de Siam , euffent repondu à fes
belles efperances , la Hollande étoit
donc perduë fans refource ?

I N N O C E N T X I.

*Ne dubitano ? Signore Mazarino ,
ma Dio fopra tutto* , mais Dieu fur
tout. Il n'a pas cependant tenu au
Roi de Siam , & à Meffieurs les Jefuites , que les grands deffeins du
Roi T.C. n'ayent reüffi; la mine étoit
même fur le point de joüer , mais le
feu s'étant pris aux poudres , un peu
trop tôt , à ruiné toutes les entreprifes de nôtre Monarque , & enfeveli
fous fes ruines , tous les entrepre-
neurs d'un fi grand ouvrage ; Je veux
dire qu'étant furvenu une revolution
inopinée , par l'élevation d'un autre
Prince fur le Thrône du Royaume
de Siam , tous les Jefuites & les
Emiffaires du Roi T.C. en ont été
chaf-

chaſſez, & contraints d'aller prêcher
leur nouvelle morale dans les deſerts
du Japon, ou de la * nouvelle France.

MAZARIN.

De ſorte que la mine fut évantée,
à ce que dit vôtre Sainteté ; quoi
qu'il en ſoit c'eſt toûjours un grand
malheur pour le Roi T. C. de n'a-
voir pas pû reüſſir dans cette entre-
priſe. À mon ſens ce projet étoit
auſſi bien concerté qu'il ſe puiſſe, &
je ne ferois point ſcrupule de le mettre au rang des plus belles entrepriſes, qui ayent été formées pendant
ſon regne. Si la fortune l'avoit voulu ſeconder, dans une affaire d'une
ſi grande importance, il auroit in-
falliblement uni les dix-ſept Provinces des Païs-Bas à ſon Domaine, &
s'étant rendu Maître de la Hollande, il auroit pû mettre ſur Mer des
Armées Navalles de deux cents Vaiſ-
ſeaux de Guerre, qui l'auroient rendu la terreur & l'effroi de l'Ocean,
comme il l'étoit déja par Terre, par
la force de ſes armes, par la bravoure
de ſes Généraux, & ſes nombreuſes
Armées. Aprés cela qu'elle eſt la

H 3

Puiſ-

* Du Canada.

Puiſſance dans l'Europe, ou plûtôt qu'elle Ligue formée de pluſieurs Princes, auroit oſé entreprendre de s'oppoſer à la rapidité de ce torrent. Il n'y avoit dans toute la Chrêtienté point de barrieres à lui oppoſer, ſa puiſſance auroit été ſans bornes, & il ne ſeroit reſté à l'Europe Eſclave point d'autre reſource, que celle de ſubir le joug que le Vainqueur lui impoſoit, en ſe ſoûmettant à ſes loix, & reconnoiſſant effectivement. * *che lo figlivolo maggiore de la Santa Chieſa*, étoit le Monarque Univerſel de toute la Chrêtienté.

INNOCENT XI.

Piano Signore Mazarino, piano, chi va piano va ſano.

MAZARIN.

Per Dio! qui l'auroit empêché?

INNOCENT XI.

Dio; Dieu.

MAZARIN.

Io non ſò; je ne ſçai.

INNOCENT XI.

Io ſò ſenza dubbio. J'en ſuis perſuadé, & je n'en doute nullement.

MAZARIN.

Puo eſſere, peut-être.

IN-

* *Que le fils aîné de l'Egliſe.*

Innocent XI.

Senza puo essere, sans peut - être, l'experience des choses qui viennent de se passer *del mio tempo*, font voir que je dis vrai.

Mazarin.

Quoiqu'il en soit ce Monarque auroit donné bien de la peine à toute l'Europe.

Innocent XI.

Il en a donné autant que Prince puisse jamais faire , & quand vous parcouririez les Croniques de toutes les Monarchies , & que vous fairiez un assemblage de tout ce qu'ont fait les Princes les plus remuans , & les plus magnanimes, à commencer depuis la fondation du monde , jusques à present, je ne pense pas que tout cela fut digne d'être mis en paralelle , avec les évenemens qui se font passez sous ce Regne. Mais aprés tant de prodiges & de merveilles , selon le monde, qu'est ce qu'à gagné, *il figlio vestro, lo Re Christianissimo?* il à gagné, *la maledittione di tutti li Nationi della Christianità*, sans comter le deplaisir qu'il à eu de voir échoüer jusques à present la plûpart de ses desseins. Je ne sçaurois

H 4

m'emm'empêcher de raporter ici, ce que dit Philippes de Comines, parlant de l'Empereur des Turcs Ottoman, du Roi Loüis XI. son Maître, & du Duc de Bourgogne. * *Sçavoir qu'il vaut mieux borner son ambition, moins se travailler, & moins entreprendre, plus craindre d'offencer Dieu, en persecutant le peuple & ses voisins, par mille & mille voyes cruëlles, ne vaudroit-il pas mieux ; dit-il, prendre ses aises & des plaisirs honnêtes ? La Vie des Princes en seroient plus longue, les maladies en viendroient plus tard, & leur mort en seroit plus regrettée, & de plus de gens, & moins desirée, & auroient moins à redouter la mort &c.* Aprés ce sage conseil je n'ai plus rien à dire, si ce n'est qu'il auroit mieux valu au fils aîné de l'Eglise, qu'il eut laissé joüir l'Europe Chrêtienne de la Paix & du repos, qu'elle avoit acheté si cherement, par la perte de tant de sang qui avoit été repandu avant la conclusion du Traité des Pirennées : vôtre Eminence avoit, si me semble, pris assez de soin de la gloire, & de la fortune de ce Prince, & soutenu les Interêts de la Monarchie Françoi-

---

* V. liv. 6. en la conclusion.

goife, avec affez de bonheur & de
fuccez, pour lui donner lieu d'être
fatisfait du rang qu'il tenoit déja dans
le monde, parmi les Princes Chrêtiens, fans fe mettre en tête le deffein de parvenir à une Monarchie
Univerfelle imaginaire, par la vio-
lation des Traitez.

MAZARIN.

Ce que vôtre Sainteté condamne,
comme une foibleffe humaine, en
la perfonne des Princes, je le confidere comme une vertu heroïque &
une magnanimité, qui diftingue les
grands Princes, de ceux qui ne font
nez que pour vivre dans l'oifiveté, &
paffer les plus beaux jours de leur regne, dans l'honteufe joüiffance des
trefors & des richeffes, que Dieu
leur à mis en main, pour être em-
ployez à immortalifer leur memoire par les Conquêtes, qu'ils doivent
faire fur leurs Voifins, & les victoires qu'ils doivent remporter, fur les
Princes qui refufent de fe foûmettre
aux loix du plus fort. C'eft une loi
naturelle, reconnuë de tous les Ju-
rifconfultes, que le plus fort eft toûjours en droit de fe faire obeïr, & de
fe rendre maître des Etats qui font à
fa bienfeance.　　H 5　　IN-

INNOCENT XI.

Nò Signore Mazarino, *la cofa và ben altramente*, si cela étoit, où en feroient les petits Princes, & les Etats Souverains, qui n'ont pas affez de forces, pour se mettre à couvert des entreprifes des Puiffants Monarques, qui ne confultent bien souvent que l'ambition, & l'avidité d'envahir le bien d'autrui; vôtre maxime n'ouvre-t-elle pas la porte au brigandage; & si elle étoit reçûë, que des Couronnes & des Sceptres, ne verroit-on pas renverfez; le plus fort ne feroit-il pas le Maître ? & où eft le Prince qui pouroit deformais se dire Souverain, & joüir de la liberté; tous les Etats de l'Europe, feroient fans doute contraints de fubir l'efclavage du plus fort. Et vojla quel a été le but du fils aîné de l'Eglife, & qui auroit infailliblement réüffi, si on lui avoit laiffé faire.

MAZARIN.

Una cofa fenza dubbio, *Padre Odefcalchy*, c'eft fans contredit. Mais voyons je vous prie la fuite de tant de merveilles?

INNOCENT XI.

Pour reprendre le fil de mon difcours,

cours, je dirai qu'il étoit, fi me femble, bien raifonnable, *che lo figlivolo maggiore de la Santa Chiefa*, aprés avoir fait tant de bruit dans le monde, pendant fa vie, fongea à laiffer à la pofterité, lorfqu'il plaira à Dieu de le retirer du monde, quelque monument qui rende immortelle la memoire de fes grandes actions, & qui foit, pour ainfi dire, une figure parlante, reprefentant en abregé les prodiges, & les merveilles de fa vie & de fon glorieux Regne. Le Maréchal de la Feüillade, que vous avez apparamment rencontre lorfqu'il à paffé la Barque, étant mort depuis peu, vous aura fans doute appris que ce fut lui qui fut chargé d'un fi beau deffein.

MAZARIN.

Je ne l'ai vû, ni entendu parler de lui en aucune maniere.

INNOCENT XI.

Nò, non.

MAZARIN.

Nò, non.

INNOCENT XI.

Quoiqu'il en foit, ce monument étoit une ftatuë pedeftre de bronze, élevée fur un haut piedeftal, ayant

 der-

derriere la renommée qui lui met fur
la tête une Couronne de laurier; &
à fes pieds quatre Efclaves, qui repre-
fentent les differentes Nations dont
ce Monarque à triomphé.

M A Z A R I N.

Come io penfo , comme je penfe,
ce monument fut placé au Louvre
auprés de celui que Colbert y avoit
déja fait dreſſer.

I N N O C E N T X I.

Nò Signore. Ce lieu n'étoit pas aſ-
fez éclatant , ni affez augufte , il a fallu choifir une Place toute particuliere, & qui par le nom, qu'on lui a
donné fit fonner bien haut les triomphes, & les victoires dont cette ftatuë étoit l'embleme; pour cèt effet
ce lieu a été appellé *la Place des Vic-*
toires. Mais ce n'eſt pas-là le plus bel
endroit de la piece: Il faut que vôtre
Eminence fçache encore la Ceremonie, qui fut pratiquée le jour de
l'érection. La Canonifation de nos
plus grands Saints à Rome, n'a jamais rien eu d'aprochant , & n'eſt
qn'un foible crayon du refpect, & de
la veneration que l'on rendit à cet
Idole. Les peuples y accouroient en
foule, & fe profternoient à fes pieds,

criant

criant de toute leur force, LUDO-
VICO MAGNO, LO RE CHRIS-
TIANISSIMO ET SANTISSIMO.
Louïs le grand le Roi T. C. & trés
Sainct. Tous les Magiſtrats de Paris s'y rendirent en Corps : Monſei-
gneur le Dauphin accompagné de
Madame, & de tous les Princes du
ſang aſſiſterent auſſi à la fête, & ce
jour-là fut rendu celebre par tout le
Royaume, par les feux d'artifice &
les rejoüiſſances publiques. Je ne
ſçai ſi aprés tout cela le grand Saint
Loüis, n'aura pas ſujet d'être jaloux
de tous ces honneurs. Ce grand
Prince qui les à ſi bien meritez, &
auquel ils n'ont jamais été rendus,
quels reproches ne doit-il pas faire à
ſon Succeſſeur ? d'oſer aſpirer à l'immortalité, pour recompenſe d'avoir
chagriné le Chef de l'Egliſe, pendant tout le tems de mon Pontificat,
de s'être allié avec les Infidelles
pour deſoler la Chrêtienté, d'avoir
violé tous les Traittez de Paix, & declaré la guerre à tous les Princes de
l'Europe, par un pur principe d'ambition, & de deſir inſatiable de s'a-
grandir ; d'avoir reduit la moitie de
l'Europe Chrêtienne en cendres

par le feu infernal de ſes Bombes &
de ſes Carcaſſes, d'avoir forcé les
Huguenots 'e ſon Royaume, le flambeau d'une main, & l'épée de l'autre, de rentrer dans le giron de l'Egliſe ; d'avoir voulu ſe faire Pape lui
même dans ſon Royaume , & me
menacer d'aſſembler un nouveau
Concile, ſi je refuſois de lui obeïr ;
*O ! lo gran Santo ! Santo ſopra tutti li
Santi del Paradiſo.*

MAZARIN.

O ! la vergogna ! Je vous avoüe
trés St. Pere que ce que vôtre Sainteté vient de me raporter me ſur-
prend extrememement, & c'eſt l'endroit du Regne de mon fils, qui me
paroit le moins ſuportable ; j'ai honte même pour ce Monarque, d'a-
prendre qu'il ait eu la foibleſſe, pour
vouloir qu'on lui rendit des honneurs qui ne ſont dûs qu'aux Dieux,
ou du moins aux plus grands Saints
de Paradis. Il eſt vrai que je ne de-
ſaprouve pas, qu'un grand Prince,
qui s'eſt rendu recommandable par
mille & mille actions heroïques, &
dont le regne n'a été qu'une ſuite perpetuelle de Victoires & de Conquêtes, laiſſé à la poſterité des monumens

mens éternels, qui confervent fon
nom, & fa glorieufe memoire. Mais
il faut fur tout qu'il n'y aît rien dans
toutes ces chofes, qui égale le refpect & la veneration qui n'eft duë
qu'aux Divinitez. Tous les grands
Princes & les Empereurs Chrêtiens
en ont ufé ainfi ; en ce cas vôtre
Sainteté à toutes les raifons du monde, & je fuis de fon fentiment. Mais
paffons outre.

INNOCENT XI.

A propos *Signore Mazarino*, quel
accuëil a fait vôtre Eminence au
Prince de Condé, il paffa la Barque
de Caron en l'année 1686. c'étoit
vôtre grand ennemi, & je ne doute
point que vous ne vous foyez reconciliez enfemble fur les bords de ce
fleuve. En quittant le monde il faut
nous depoüiller de toutes les paf-
fions mondaines, & l'Empire tene-
breux ne fouffre point d'efprit broüil-
lon, ainfi faites moi confidence, je
vous prie, de la maniere dont vous
vous étez ambraffez.

MAZARIN.

Je vous dirai *Santiffimo Padre*, que
l'ayant trouvé au moment qu'il for-
toit de la barque, ma furprife fut
d'au-

d'autant plus grande, que j'avois d'a-
bort de la peine à le connoître, tant
je le trouvai changé. Ce pauvre
Prince m'embraſſa d'abord, & me fit
toutes les honnêtetes imaginables en
apparence, ſi le cœur y avoit part,
c'eſt ce que je ne ſçai pas. Aprés ces
premiers complimens, je lui demandai à l'oreille, s'il me vouloit
faire la grace de m'accorder l'honneur de ſon amitie, en oubliant les
demelez qui nous avoient rendus irreconciliables dans le monde. Je lui
dis enſuite que cet aveu, étoit d'autant plus indiſpenſable, que le Prince des Tenebres l'ordonnoit ainſi,
d'abord que l'on entroit dans les terres de ſon obeiſſance. Il me repondit qu'ayant à faire à un Italien, il
conſentoit que nôtre paix ſe fit à l'I-
talienne * *odio che dura ſempre.* Je
n'eus rien à lui repondre, & voilà
comme nous nous ſeparames.

INNOCENT XI.

Si ce grand Prince avoit oſé ouvrir ſon cœur, il auroit apris ſans
doute à vôtre Eminence, bien des
ſecrets qui me ſont inconnus, &
j'admire d'autant plus ſa ſageſſe qu'il
n'eſt

* *Haine éternelle.*

n'est point voulu entrer dans une
longue conversation avec vous ,
bien persuadé que les reproches qu'il
auroit eu à vous faire n'auroit pas
manqué de l'exciter à la veangence,
ce qui l'auroit peut-être porté à tirer
l'épée contre vôtre Eminence.

MAZARIN.

Per Dio. Quels reproches auroit-
il donc eu à me faire ?

INNOCENT XI.

Molto.

MAZARIN.

Come molto, comment beaucoup ?

INNOCENT XI.

Si Signore Mazarino , molto. En
premier lieu , que vous êtes là cause
de tous les malheurs, qui affligent aujourd'hui, non seulement la France ,
mais encore toute la Chrétienté ;
que vous avez été l'unique obstacle
qui a fait qu'il n'a pas regné , à la place de Loüis XIV; que vous avez eu
la * sfacciataggine de vous allier au
sang Royal des Bourbons , par le
mariage de vôtre Niece avec le Prince de Conti son frere ; que vous
étez le plus grand di tutti li furatores
della Italia , de tous les voleurs de
l'Ita-

* Impudence.

l'Italie , par les millions que vous
avez volé à la France , & que vos
mulets ont porté au delà des Alpes ;
que vous avez par là ouvert la porte
au brigandage qui regne aujourd'hui
parmi la Nation Françoise , depuis
le premier Ministre jusques au dernier maltotier ; que vous avez en-
seigné * *al figlivolo maggiore de la
Chiesa*, à ne garder ni foi , ni loi. *Et
molta altra cosa , indagna del Christia-
no* , & plusieurs autres choses indi-
gnes d'un Chrêtien.

M A Z A R I N.

Parole vane, bagatelles. Aprés les
témoignages d'une sincere amitie , &
les assurances que ce Prince me donna d'oublier le passé, le jour même
que je quittai le monde, je ne doute
nullement qu'il ne m'ait pardonné
de bon cœur, quand au reste s'il n'é-
toit pas satisfait de moi, je consen-
tirois de bon cœur, si j'étois homme
d'épée , que nous vuidassions nos
differens à la pointe de l'épée à la premiere rencontre ; quelque grand Capitaine qu'il soit je lui ferois voir que
lo Signore Mazarino, qui à gouver-
né toute la France , & triomphé des
plus

<hr>

* *Fils aîné de l'Eglise.*

plus puiſſans Princes de l'Europe, n'a rien oublié de ſon habilleté, ni des ruſes Italiennes, qui le metront toûjours à couvert des attentats de ſes Ennemis, auſſi bien dans les Enfers que dans le monde.

INNOCENT XI.

Piano Signore Mazarino, piano. Les grands Capitaines ſont par tout redoutables.

MAZARIN.

Peu m'importe. Voyons la ſuite des évenemens, dont vôtre Sainteté s'eſt chargée de me faire le recit, & qui m'intereſſent plus que les demelez que j'ai avec Loüis de Bourbon, Prince de Condé.

INNOCENT XI.

Nous paſſerons donc au autres évenemens, puiſque vôtre Eminence le ſoûhaitte. Le premier qui ſe preſente à ma memoire, & que le fils aîné de l'Egliſe compte pour le Chef-d'œuvre de ſon Regne, eſt la revocation de l'Edit de Nantes, cet Arrêt de caſſation fut rendu en l'année 1685. Les Cardinaux d'Eſtrée & de Fourbin, nous prônerent dans ce tems-là à la Cour de Rome, le zelle du Roi leur Maître avec beaucoup

coup d'éloquence & de ferveur, &
j'eus toutes les peines du monde à
me delivrer de leurs importunitez ;
bien perſuadé que j'étois, que cette
grande affaire bien loin de faire du
bien à l'Egliſe, elle alloit ouvrir la
porte à des nouveaux Chiſmes, & à
des nouvelles Héréſies. J'en fis faire
des plaintes par mon Nonce au fils
aîné de l'Egliſe ; mais ce Prince bien
loin d'écouter mes remontrances,
me traita de Chiſmatique, & de Fauteur des Hérétiques. Nonobſtant
tous ces enportemens, je fis reiterer
une ſeconde fois mes plaintes, &
j'ordonnai à mon Nonce de repreſenter à ce Monarque que l'on faiſoit
des méchants Chrétiens par la Dra-
gonade ; mais tout cela fût inutile.

M A Z A R I N.

A propos de la Revocation de l'E-
dit de Nantes, je me ſouviens d'a-
voir ſalué en paſſant le pauvre Mr. le
Tellier, comme il ſortoit de la Barque du vieux Caron. Ce bon homme me parut extremement content, ce qui augmenta ma ſurpriſe,
parce que tous ceux qui quittent le
monde ſont pour l'ordinaire inquiets
& fort triſtes, ſur tout à l'aproche de
ces

ces fombres contrées , où l'on ne
voit que des fujets de fouffrance &
de mifere ; j'eus affez de curiofité
pour lui demander d'où prevenoit la
joye que l'on voyoit peinte fur fon
vifage. Ce fage Chancelier me repondit d'une voix caffe & enroüée,
qu'aprés avoir fray_ le chemin à un
million d'Ames, qu'il venoit de réü-
nir au giron de l'Eglife, il étoit mort
content. Je loüai fon zelle , & je
lui demandai en même tems , s'il
étoit affuré que tous les Huguenots
du Royaume feroient deformais pro-
feffion d'être bons Catholiques Romains ; il me repondit, que puifque
c'étoit la volonté du Roi , il n'en
doutoit nullement. J'aurois fouhaitté d'avoir eu une plus longue
converfation avec lui, dans la pen-
fée de nous entretenir quelques mo-
mens, des affaires qui fe font paffées
de nôtre tems , principalement fous
la minorité du Roi, parce que nous
avions été *d'une ifteffe tempo* con-
temporains , & compatriotes ; & je
puis dire fans vanité que nous avons
eu enfemble, le maniement des plus
importantes affaires du Royaume;
tous les fecrets du Cabinet paffoient
par

par nos mains, & nous étions pour
ainſi dire les Arbitres de la paix & de
la guerre. Je lui demandai des nouvelles du Marquis de Louvois ſon
fils, qui étoit encore bien jeune
quand je quittai le monde; il me repondit qu'il l'avoit laiſſé dans une
bonne paſſe, & qu'il étoit devenu
premier Miniſtre de Sa Majeſté,
qu'au reſte il ne doutoit point qu'il
ne repondit aux eſperances, qu'il
avoit conçûës de ſa fortune, principalement pour les affaires de la guerre, & pour les Negociations à quoi
le Roi principalement l'employoit.
Aprés ces paroles nous nous embraſ-
ſames pour nous quitter, & ne nous
revoir peut-être jamais.

INNOCENT XI.

Puiſque je remarque, que la de-
ſcription des calamitez & des miſe-
res des Reformez de France *non voi
piace*, ne vous plaît pas, je paſſerai
à d'autres differens qui m'intereſſent
de plus prés; & quoi que nous en
ayons déja touché quelque choſe,
vôtre Eminence ne ſera cependant
pas fâchée d'en aprendre le detail.

MAZARIN.

Si, Santiſſimo Padre, ſi voi piace.

IN-

INNOCENT XI.

Je vous ai dit dés le commencement de nôtre conversation * *che lo
figlivolo Maggiore de la Chiesa*, avoit
pris à tâche tout le tems de mon
Pontificat de m'inquieter & me faire
tous les déplaisirs imaginables. Les
differens que j'avois déja eu avec ce
Prince concernant la Regale, furent
encore mis sur le tapis en l'année
1688. Je soûtins les droits du S.
Siege avec autant de vigueur & de
constance que mon grand âge me le
permettoit, & pour faire voir au Fils
aîné de l'Eglise que je me moquois
† *della bravata di Franchezzi*, je l'at-
taquai encore par des autres droits
auxquels il ne s'attendoit point, je
veux dire les Immunitez & les Franchises des Quartiers, que je voulus
ôter aux Ambassadeurs de cette fiere
Couronne. Par une Bulle que je fis
expedier dans le mois de Mai de
l'année 1688. je fis savoir à tous les
Ambassadeurs, qu'aucun ne joüiroit
plus à l'avenir des Franchises dans
Rome, non plus que dans leurs Hô-
tels, sous quelque pretexte que ce fut,

sopra

---

* *Fils aîné de l'Eglise.*
† *Des bravades des François.*

sopra pena di scomunica , sous peine
d'excommunication.

MAZARIN.

Piano , Santissimo Padre , piano ;
vôtre Sainteté n'avoit, s'il me semble,
aucun droit de contester au fils aîné
de l'Eglise des Immunitez , dont ses
Ambassadeurs avoient paisiblement
jouï sous les Pontificats de vos Predecesseurs Innocent X. Alexandre
VII. Clement IX. & Clement X.

INNOCENT XI.

Aspettato uno poco Signore Mazari-
no. Quel tort faisois-je au Roi Trés-
Chrêtien , puisque ma Bulle portoi[t]
defenses generalament à tous les Mi[n]
nistres des Princes Catholiques, qu[i]
resident à Rome; en ce cas l'Empe[r]
reur , les Rois d'Espagne, & de Portugal , &c. n'étoient-ils pas en droi[t]
de se plaindre aussi-bien que le Roi[t]
Trés-Chrêtien ? Cependant tous ces
Princes me firent asseurer par leurs
Ambassadeurs de leur soûmission &
de leur obeïssance filialle.

MAZARIN.

Le fils-aîné de l'Eglise a des droits
& des Immunitez que ces autres
Princes n'ont pas , & la Couronne
de France merite bien, s'il me semble,
qu'on

qu'on la diſtingue des autres par des prerogatives, qui lui ont été de tous tems inconteſtables, ainſi que je l'ai fait voir à vôtre Sainteté au commencement de nôtre converſation.

INNOCENT XI.

Per tutti li Santi : Lo Re Chriſtianiſſimo, ſe dira le fils aîné de l'Egliſe, ſe vantera même d'avoir purgé l'Egliſe des Chiſmes, des Erreurs, & des autres Monſtres qui la dechiroient, d'avoir purgé ſon Royaume de l'Héréſie Huguenote, & ne ſçauroit ſouffrir qu'on purge Rome des abomiables crimes qui s'y commettent à l'abri, & ſous la protection des Franchiſes des Quartiers; * *qual impiedad!* quelle impieté † *qual crueldad!* qu'elle Cruauté.

MAZARIN.

Pour deſabuſer pour une bonne fois vôtre Sainteté, je l'ai dit, & je le repete encore, que le Droit des Franchiſes & des immunitez, que les Rois de France s'aproprient à Rome, ſont bien fondez, en ce qu'ils ne les poſſedent qu'en vertu des grandes obligations, que les Souve-

I raîns

* *Impieté* en Eſpagnol.
† *Cruauté* en Eſpagnol.

rains Pontifes ont à cette Couronne,
& c'eſt pour cette même raiſon qu'ils
les ont voulu honorer des titres de
Rois Trés-Chrêtiens, & de Fils ai-
nez de l'Egliſe ; en conſequence vôtre Sainteté ne doit pas trouver
étrange que leurs Ambaſſadeurs,
ayent des prerogatives que les autres
Princes n'ont pas. Pour en être plai-
nement perſuadé, il n'y a qu'à lire
l'Hiſtoire, qui vous aprendra que
dans le ſeptiéme Siecle le Pape Gregoire III. ayant été attaqué par le Roi
des Lombards appellé Luitprand,
Charles Martel vint à ſon ſecours,
& obligea Luitprand de ſortir de l'E-
tat Eccleſiaſtique, où il faiſoit tous
les ravages imaginables : dans la ſuite du tems Charles Martel s'étant
reconcilié avec Luitprand, avoit
abandonné les Interêts de la Coür de
Rome, lui refuſant ſa protéction ;
Gregoire III. au deſeſpoir d'avoir
perdu l'amitié de ce Prince, lui écrivit pluſieurs Lettres fort ſenſibles,
pour le prier de le vouloir afranchir
de la ſervitude des Lombards ; ce
Pontife appelloit ce Prince dans ſes
Lettres *mon trés excellent fils*, & lui
donnoit même *le titre de trés Chrê-*
tien,

tien, Gregoire III. n'avoit pas ofé implorer l'affiftance de l'Empereur Conftantin Copronime, à caufe des opinions hérétiques dont cet Empereur étoit taché, ce qui l'avoit obligé de recourir à Charles Martel, qui revint pour la feconde fois à fon fecours, & chaffa les Lombards des terres de Rome.

INNNCENT XI.

Je conviens de tout cela, *Signore Mazarino.*

MAZARIN.

Uno poco di patientia, Signore Odefcalchy.

INNOCENT XI.

Voyons donc la fuite?

MAZARIN.

Aftolfe Roi des Lombards, s'étant rendu puiffant par l'acquifition des terres, que l'Empereur poffedoit auparavant en Italie, fe voulut encore emparer par la force des armes des Etats de l'Eglife. Etienne III. Succeffeur d'Etienne II. dans l'efperance de pouvoir flechir Aftolfe, lui envoya Paul fon frere avec des prefens. Ce Prince convint enfin avec lui d'une Treve de 40. années, mais qui ne fut pas de longue

du-

durée, car l'ayant violée, il fit savoir à la Ville de Rome qu'il pretendoit qu'on lui fît un tribut d'un écu
sol par tête, sans quoi il reduiroit
Rome en cendres. Le Pape voyant
que rien n'étoit capable d'adoucir le
reffentiment d'Aftolfe, eut recours
à Pepin, & s'en vint lui même en
France pour lui demander fa protection. Pepin ayant été touché par les
prieres du Pape refolut de paffer en
Italie à la tête d'une puiffante Armée, ce qu'il executa effectivement,
deforte qu'ayant defait Aftolfe dans
une bataille, il l'affiegea lui même
dans Pavie où il s'étoit refugié.
Aftolfe dans l'aprehenfion de tomber entre les mains de fon Ennemi,
demanda la Paix à Pepin, qui la lui
accorda aux conditions que bon lui
fembloit. Aprés le retour de Pepin
en France, Aftolfe refufa d'executer le Traité qu'il avoit fait avec ce
Prince, & ayant remis fur pied une
Armée, il entra encore dans le Patrimoine de St. Pierre, en repandant
la defolation, le feu & le carnage par
tout où il paffoit, & pour tirer vangeance des outrages que Pepin lui
avoit faits par la conclufion d'un
Trai-

Traité si desavantageux, il fut assieger la Capitale du St. Siege, en publiant qu'il metroit tout à feu & à sang, si elle ne se rendoit. Le Pape au desespoir, de se voir à la veille d'être la sanglante victime de son ennemi, redoubla ses prieres & fit des nouvelles instances, auprés de Pepin pour le porter à venir encore à son secours. Voici la Lettre que ce St. Pere lui écrivit.

Je vous demande ô! Roi Tres Chrêtien & mon cher fils, & vous conjure comme si j'étois présent devant le Dieu vivant & le Prince des Apôtres, que vous nous protegiez promtement, afin que nous ne perissions point. Prevenez le comble de nôtre malheur, & secourez nous avant que nos Ennemis se soient rendus Maîtres de Rome, & de peur que leur glaive ne perce nos cœurs, sauvez nous avant que nous perissions. Considerez mon cher fils, qu'aprés Dieu les vies des Romains dependent de vous, & que leur salut est entre vos mains. Si tous les peuples voisins qui ont eu recours à cette noble, & genereuse nation Françoise, & à la protection de ses Rois, en ont toujours reçu un secours favorable, & s'ils ont été sauvez par la force de

I 3

leurs

leurs armes, que ne doit point attendre l'Eglise de Dieu & son Peuple?

Pepin ayant donc encore passé les Mons, à la tête d'une formidable Armée, contraignit Astolfe de lever le siege de devant Rome, & aprés l'avoir soûmis & desarmé, il l'obligea à executer le premier Traité, & à remettre dans le moment même l'Exarchat de Ravenne, Pentapole avec Comachio, & les autres terres dont il s'étoit emparé, entre les mains du Pape Etienne III. Cela étant ainsi, vôtre Sainteté trouvera-t-elle étrange que les Rois Trés-Chrêtiens s'aproprient des Franchises, & des immunitez dans Rome, puisqu'ils en ont été les liberateurs, & qu'ils ont delivré les Souverains Pontifes de l'opression, & de la tirannie des Lombards. Je passe sous silence les Charles-Magnes, les Loüis les Debonnaires, & les autres Rois de France auxquels le St. Siege n'est pas moins redevable qu'à Pepin.

INNOCENT XI.

A vôtre compte, je devois donc souffrir patiamment, qu'un Henri de Beaumanoir, Marquis de Lavardin,

din, entra dans Rome à main armée, suivi d'un grand nombre de
coupe-jarets; qu'il s'en vint, dis-je,
me faire la loi, morguer le St. Siege,
& me menacer de la part du Roi son
Maître dans le Vatican même; *nò
Signore Mazarino, nò, molto piu finire
la vita*, plûtôt mourir.

MAZARIN.

Puisque c'est en vain que je m'e-
force de persuader vôtre Sainteté,
que le Roi Trés-Chrêtien, n'a rien
fait dans cette rencontre, qui ne soit
conforme à la Justice de sa cause, &
au droit qu'il avoit d'en agir ainsi,
elle souffrira que je l'abandonne à
son opiniatreté pour passer à d'autres
événemens, dont je la prie de me
vouloir faire le recit.

INNOCENT XI.

Puisque je vois pareillement qu'il
est bien difficile de guerir vôtre Eminence, * *de lo veneno Franchezze,
che rende negri gli attossicati.* Nous
passerons à d'autres matieres, pour
vous complaire.

MAZARIN.

Se piace al la vostra Sanvità. S'il

I 4

plaît

---

* *Du poison François qui rend incurables ceux
qui en sont atteints;* c'est à dire des maximes.

plaît à vôtre Sainteté, par là elle me
delivrera de la mortelle inquietude,
que me donne le recit des plaintes si
souvent reiterées, qui ne partent à
proprement parler que de l'entete-
ment de vôtre Sainteté.

INNOCENT XI.

Le fils ainé de l'Eglise, ayant fait
voir ouvertement par l'alliance qu'il
venoit de conclure avec la Porte Ottomanne, que son but étoit de ruiner la Maison d'Autriche, ne son-
geoit plus qu'à prendre ses precau-
tions le long du Rhin, tandis que le
Turc agissoit puissamment d'un autre côté. Aprés avoir donc pris les
postes les plus avantageux, & s'être
emparé des meilleures Forteresses,
le long de ce fleuve, avoir fait des
grands amas de munitions de guerre
& de bouche, il s'avisa de porter un
coup à toute l'Allemagne, qui ne
pouvoit être que mortel, si ses desseins avoient reüssi. Je veux dire que
sa pensée étoit de se rendre Maître,
par la force de ses brigues, des trois
Electorats Ecclesiastiques qui sont le
long du Rhin ; celui de Mayence
avoit déja ambrassé son parti, & remis en même tems les clefs de sa Ca-
pita-

pitale entre les mains de ce Monarque ; l'Electeur de Trêve auffi malheureux que celui de Mayence,
aprés avoir oublié les juftes reffenti-
mens, qui le devoient rendre ennemi irreconciliable de la France, par
la confideration des maux paffez,
n'en fut pas plus fage pour cela, deforte qu'il remit auffi les clefs de fon
Païs à ce Prince ; il ne reftoit plus
que l'Electorat de Cologne, qui devoit former le dernier neud de la
chaine que le Roi T. C. avoit forgée
pour affervir l'Empereur, & tous les
Princes de l'Empire. C'eft - à - dire
que l'efclavage & la liberté de toute
la Chrêtienté, combatoient puiffam-
ment l'un contre l'autre, fans favoir
encore lequel des deux devoit remporter la victoire, felon toutes les
apparences humaines la liberté des
Princes Catholiques & Proteftans
étoit aux abois, & je puis dire qu'il
ne falloit plus qu'un oui, ou un non,
pour faire pencher la balance. Car
le Roi T. C. s'étant même déja emparé de Bonn, Cologne étoit à la
veille de fe rendre, fi je n'avois arrêté ce coup fatal, qui devoit decider
de la deftinée de toute l'Europe.

I 5

M A-

M A Z A R I N.

Come questo, comment cela ?

I N N O C E N T X I.

Le Roi T. C. qui avoit ſes deſſeins
en veuë, avoit ſi bien pris ſes meſu-
res, qu'il étoit preſqu'impoſſible
qu'il ne réüſſit pas ; pour c'eſt effet,
il fit d'abord agir ſous main le Cardinal Guillaume de Furſtemberg, &
fit ſavoir à l'Empereur & à tous les
Princes intereſſés, immediatement
aprés la mort de l'Archevêque de
Cologne, que ſa volonté étoit de
faire élire ce Cardinal pour ſon ſucceſſeur, & qu'au reſte ſi quelqu'une
des Puiſſances voiſines témoignoit
de vouloir prendre en mauvaiſe part
cette élection, il feroit marcher ſes
armées pour la ſoûtenir par la force
des armes. Les demarches de la
France dans cette conjoncture paru-
rent ſi hardies à tous les autres Souverains, qu'ils en conçeurent des juſtes
reſſentimens, & féſant reflexion que
le but de cette Couronne étoit de faire entrer Furſtemberg dans ce poſte,
afin de s'en emparer, comme il avoit
fait des Electorats de Mayence & de
Treves, ils reſolurent enfin de tra-
verſer cette Election, dans la perſua-
ſion

(195)

fion que s'ils fouffroient *che lo Car-
dinale traditore* y mit le pied , il ne
manqueroit pas de vendre le païs de
Cologne & de Liege à fon protecteur , comme il lui avoit déja vendu
fa Patrie , & toute l'Allemagne par
fes trahifons. Voyant moi - même
l'importance du peril , j'écrivis au
Chapitre de Cologne & à l'Empereur
qu'il n'y avoit point de tems à perdre
pour y remedier. Nous trouvâmes
donc à propos de donner pour con-
current au Cardinal de Furftemberg
le jeune Prince Clement frere de S.
A. E. de Baviere.

MAZARIN.

Je conviens avec vôtre Sainteté ,
que fi le Roi T. C. avoit mis le pied
dans Cologne , par le moyen du Cardinal de Furftemberg , *à Dios lo Imperatore Leopoldo & tutti li altri Prin-
cipi de la Germania.* S'en étoit fait de
l'Empereur & des autres Princes de
l'Empire.

INNOCENT XI.

*Senza difficultà, Signore Mazarino,
ma Dio fopra tutto.*

MAZARIN.

Cependant quand je fais reflexion
fur la Jeuneffe du Prince Clement

I 6

qui

qui n'avoit pas encore atteint l'âge de dix-sept ans , & que je considere d'ailleurs la postulation Canonique de Guillaume de Furstemberg, dont le droit étoit d'autant plus incontestable qu'il avoit été agrée Coadjuteur par le defunt Electeur de Cologne , je ne saurois m'empécher d'accuser vôtre Sainteté de partialité dans cette affaire ; elle ne sauroit nier d'ailleurs que ce Cardinal n'eut été nommé par la pluralité des voix , suivant l'ancien usage , les privileges & les libertez des Chapitres de l'Empire.

INNOCENT XI.

Ce sont là les raisonnemens qui ont fait la matiere des emportemens de la France ; mais que dira vôtre Eminence quand je lui prouverai que la plûpart des voix du Chapitre avoient été achetées, & presque tous les Chanoines corrompus par les Louïs d'or que le Roi T. C. avoit semez à pleines mains dans Cologne.

MAZARIN.

Nô importa, Santissimo Padre, n'importe ; je me souviens encore d'un vers de mon bon ami le Cardinal de Richelieu fort à propos sur ce sujet :

Signore

*Signore amico, disoit-il, Vous sçavez aussi
bien que moi quels que soient nos efforts;*

Que l'argent est la clef de tous les
grands ressorts. Vôtre Sainteté devoit, s'il me semble, considerer que le
zele & la pieté faisoient agir le fils
aîné de l'Eglise dans cette rencontre.

INNOCENT XI.

*Come, Signore Mazarino, lo amore
ardente, & la pietà,* de convertir les
Hollandois, comme il avoit converti les Huguenots de son Royaume?

MAZARIN.

Si Signore.

INNOCENT XI.

*Nò Signore Mazarino, ma molto piu
lo appetito de la Monarchia Universale.*
Non, mais dites plûtôt que c'étoit le
desir de parvenir à la Monarchie
Universelle.

MAZARIN.

Quoi qu'il en soit, vôtre Sainteté
n'avoit pas plus de sujet de se declarer pour la Maison d'Autriche, que
pour celle de Bourbon, l'une & l'autre lui devoient être également che-
res dans une semblable rencontre,
Les Princes qui regnent dans ces
deux Maisons étoient également vos

I. 7   enfans;

enfans ; de forte que je n'ai pas de la
peine à comprendre que la jaloufie
n'aye été en partie la caufe, des entreprifes que le fils aîné de l'Eglife a faites pendant fon regne fur les Etats de
fes voifins , & principalemeut fur
ceux de la Maifon d'Autriche ,.
voyant-que vous la fupportiez, & que
vous étiez tout-à-fait porté pour elle.
La qualité de Pere commun des
Chrêtiens vous devoit obliger à tenir
la balance égale , & à difpencer vos
graces fans referve.

INNOCENT XI.

J'apelle Dieu à témoin de mon
innocençe , & je protefte que je n'ai
jamais été l'agreffeur. Si le Roi T.
C. m'avoit laiffé en repos , & qu'il
n'eut pas , par mille & mille attentats
outragé le S. Siege , noirci ma reputa-
tation , & foüillé l'Eglife par fes
monftreufes actions, il n'auroit jamais eu fujet de fe plaindre de mon
opiniatreté; bien loin de là , je l'aurois comblé des plus pretieufes bene-
dictions , & des plus grandes richeffes de l'Eglife , je lui aurois accordé
generalement tout ce qu'il auroit
fouhaitté , & je n'aurois pas aujour-
d'hui le cruël déplaifir d'avoir quitté

le

le monde fans lui avoir dit adieu, ni
fans nous être reconciliez enfemble.

MAZARIN.

Il en coutera à vôtre Sainteté
quelques années de Purgatoire, & fi
elle en eft quitte pour cela, elle en
fera quitte à bon marché.

INNOCENT XI.

Il eft bien difficile de fe pardonner
l'un l'autre, quand on a été auffi
grands ennemis, que nous l'avons
été; & quoique je me fois toûjours attaché à combattre les foibleffes humaines, tout le tems de ma vie, cependant je fuis obligé d'avouër, qu'il ma
été impoffible de me dépoüiller de la
vengeance, & qu'à l'heure qu'il eft
je eonferve encore une haine immortelle *per lo figlivolo maggiore de la
Chiefa.*

MAZARIN.

Il faut que vôtre Sainteté me pardonne, fi je lui dis que ces fentimens
font peu Chrêtiens, & peu dignes du
Chef de l'Eglife.

INNOCENT XI.

Signore Mazarino, je vous ai déja
affez fait voir s'il me femble, que
mon reffentiment à été tres jufte, &
j'efpere

j'efpere que la fuite de nôtre converfation vous le faira avouër à vous-
même, quelque part que vous preniez
aux interêts d'un Prince qui a été vôtre Eleve, & auquel vous n'avez jamais donné que des principes perni-
cieux, fur lefquels il a bâti les plus
cruëls attentats de fon Regne.

M A Z A R I N.

Il faut avouër, que je fuis le plus
malheureux de tous les damnez, &
que tant que le monde fera, je ferai
la maledittione de tutti li popoli, parce
dit-on, que je fuis la caufe de tout
ce qu'a fait le fils aîné de l'Eglife pendant fon regne; comme fi je devois
être refponfable de tous les crimes
qui fe font commis depuis environ
quarante-deux ans, que j'ai quitté le
monde.

I N N O C E N T X I.

Ne dubitano, Signore Mazarino? c'eft
là le commun fentiment de tous les
mortels, & vôtre Eminence ne fe
lavera point de toute l'éternité, des
reproches qui rendent & rendront à
jamais fa memoire odieufe.

M A Z A R I N.

Finiffons, je vous prie, ces fanglants
reproches; vôtre Sainteté me fait
mourir

mourir de déplaisir, & plus j'y songe, plus je suis accablé d'inquietude
& de tristesse, sans esperance de
trouver de remede qui soulage mes
cruelles souffrances. Changeons je
vous prie de conversation, & voyons
quelle fut la fin des affaires de Cologne.

INNOCENT XI.

La fin des affaires de Cologne fut
telle, qu'elle fallit à faire crever de
depit † *lo figliuolo maggiore de la Chiesa.*

MAZARIN.

Come questo, comment cela?

INNOCENT XI.

Come questo; comment cela; en ce
qu'ayant accordé une dispence d'âge
au Prince Clement, il dama le pion
au Cardinal de Furstemberg, & sans
autre formalité il fut élu Electeur de
Cologne; ce qui fallit à jetter le pauvre * Guillaume dans le desespoir,
lequel de rage & de dépit se jetta dans
Bonn, resolu de mettre tout à feu &
à sang si on ne lui rendoit raison du
tort qu'on lui faisoit; mais le pauvre
Cardinal étoit bien éloigné de son
compte,

---

† *Le Fils aîné de l'Eglise.*
* *Furstemberg.*

compte, & toute la puiſſance de ſon Protecteur ne fut pas capable de rien operer en ſa faveur, ainſi que l'experience la fait voir.

MAZARIN.

Voilà un terrible coup pour la France ; mais voyons je vous prie, la maniere dont le Roi T. C. s'en tira.

INNOCENT XI.

Per la Crudeltà, per lo incendio, per la rapina, & per la diſtruttione di tutti li popoli della Chriſtianità ; Par la cruauté, par les Incendies, par les ravages, & par la deſolation de tous les peuples de la Chrêtienté.

MAZARIN.

Gran ſceleraggine. Voilà bien des crimes ; *ma Come queſto* mais comment cela ?

INNOCENT XI.

Le Fils aîné de l'Egliſe fit d'abord publier un Manifeſte, qui étoit comme l'éclair qui devoit preceder la foudre ; dans lequel il ſe plaignoit de ma partialité, ajoûtant que s'il rompoit la Tréve, ce n'étoit pas par l'ambition de ſe vouloir agrandir du côté de l'Allemagne, qui devoit être le premier Theatre de la guerre qu'il alloit

soit declarer, ni encore moins au de-
pens des Princes & des Etats Alliez de
la Maison d'Autriche ; mais que son
but étoit de s'emparer des Places
frontieres pour prevenir les incur-
sions que ses Ennemis pouvoient faire dans le cœur de ses Etats. Que
d'ailleurs sa Majesté pour donner des
marques de la sincerité de ses inten-
tions avoit offert à tous les Princes,
de faire la Paix aux mêmes conditions, que la Treve avoit été accep-
tée en l'année 1684. en execution
des Traitez de Munster & de Nimegue conclus és années 1648. & 1678.
Ce Monarque ajoûtoit encore qu'il
étoit de son interêt de commencer
d'abord, par s'emparer de Philisbourg, dans la certitude qu'il avoit
que l'Empereur venant à faire la paix
avec les Ottomans, il ne manqueroit pas de s'en servir contre la France, suivant le témoignage public
qu'en avoient rendu les Ministres de
la Maison d'Autriche aux Dietes de
Nuremberg & d'Auxbourg, s'étant
vantés que d'abord que l'Empereur
auroit mis fin à la guerre de Hongrie, il porteroit ses armes du côté du
Rhin, & qu'une Trêve ne seroit par
une assez forte barriere pour l'arrêter.

MAZARIN.

Ces raiſons en apparence ne pa-
roiſſent pas mal fondées , & ſi ce
que le Roi Trés Chrétien avance ,
que le but de l'Empereur étoit de
conclure la paix du côté de la Hongrie , pour tourner ſes armes vers le
Rhin , eſt veritable , vôtre Sainteté
ne doit pas trouver étrange que ce
Monarque s'aſſura de ce côté-là en
prenant le devant. La bonne politique nous enſeigne de prevenir les
maux qui nous menacent, & de chercher la ruine de nos ennemis , avant
qu'ils ſoient en état de nous accabler
par une irruption imprevûë & inopi-
pinée.

INNOCENT XI.

Ciò è* menzogna, Signore Mazarino., il n'eſt pas vrai , que l'Empereur
ſongea à faire la paix avec le Turc ,
ce n'a jamais été ſon intention , &
moi même qui vous parle , je l'ai
toûjours porté à continuer la guerre
de ce côté là , dans l'eſperance que
s'il plaiſoit à Dieu de benir les armes
des Chrétiens dans la ſuite , comme
il avoit fait dans les commencemens,
nos braves Allemans iroient *la ſpada*

in

____
* Fauſſeté.

in mano, le fabre à la main, arborer la croix de Jefus Chrift fur Ste. Sophie. Toute la Chrétienté eft témoin, que j'ai même épuifé les Trefors de l'Eglife pour cela, dans l'aprehenfion que j'avois, que les finances venant à manquer à Leopold, ce fage Empereur ne fe vit enfin forcé de conclure la paix. D'ailleurs, quand il feroit même vrai, que l'Empereur avoit envie de finir la guerre de Hongrie, ce qui eft faux, il ne s'enfuit pas de là, que fon but fut de tourner fes armes, contre le fils aîné de l'Eglife; je ne vois pas de qu'elle maniere il auroit pû s'y prendre, aprés s'être épuifé d'hommes & d'argent, avoir perdu fes meilleurs généraux & fes meilleures Troupes; il n'y avoit pas de l'aparence, dis-je, que dans cet état, il vint attaquer le Roi T. C. qui avoit des puiffantes, & nombreufes Armées fur le Rhin, compofées de Troupes fraiches; il auroit fallu en ce cas pour le moins une dixaine d'années de repos aux Imperiaux pour reprendre haleine; deforte que le Roi T. C. n'avoit rien à craindre de ce côté-la.

M A-

MAZARIN.

Suivant le raisonnement de vôtre Sainteté, le fils ainé de l'Eglise, n'a donc agi dans cette rencontre, que par l'ambition & le desir insatiable de s'agrandir, & cela par la ruine de la Maison d'Autriche.

INNOCENT XI.

Si Signore Mazarino, nò altra cosa, ç'a été son but ; & principalement d'executer son dessein, avant la conclusion de la Paix du côté de Hongrie, & la ruine de son Allié l'Empereur des Turcs. C'étoit là le moyen de bientôt soumettre à son obeissance l'Empereur Leopold si Dieu, & les Princes de la Chrêtienté n'étoient accourus à son secours. Qu'elle est la puissance dans le monde, qui eut pû resister à deux ennemis si terribles & si formidables ; je verse encore des larmes quand je repasse dans mon esprit, le deplaisir mortel que je ressentis à l'arrivée du Courrier qui m'aporta la nouvelle, que le fils ainé de l'Eglise, avoit fait marcher ses Armées vers le Palatinat, *ô! quale Barbaria, ô! quale Crudeltà & quale distruttione, per lo figlivolo maggiore de la Chiesa,* ô! quelle barbarie, ô!
quelle

quelle crüauté, & quels ravages, pour
un Prince qui se dit le fils ainé de l'E-
glise.

MAZARIN.

Je suis dans l'impatience d'aprendre, quels furent les succez des entreprises *de lo figlivolo maggiore de la
Chiesa* dans le Palatinat.

INNOCENT XI.

Aprés la prise de l'importante Ville
de Philisbourg, qui a été la premiere
Campagne & la premiere conquête
*del Signore Delphino figlivolo del Re
Christianissimo*, tout le Palatinat &
le haut Rhin ne furent qu'un theatre
affreux de la cruauté, de l'inhuma-
nité & de la barbarie *de li Franchezzi*,
par leurs horribles ravages & leurs incendies, & depuis la naissance du
monde jusques à present, je ne pense
pas qu'il se soit jamais rien vû de pareil, *abhorrimento*, je fremis d'horreur quand j'y songe, & qu'il soit dit,
che lo figlivolo maggiore de la Chiesa
ait reduit en cendres des Villes flo-
rissantes & des Provinces entieres.

MAZARIN.

Mais encore, si falloit-il, *che lo Re
Christianissimo* eut des grands sujets
de ressentiment & de vangeance, pour
traiter

traiter l'Electeur Palatin avec tant de rigueur.

INNOCENT XI.

Niente Signore Mazarino ; quand ce pauvre Prince defolé s'en plaignit, *lo figlivolo maggiore de la Chiefa* lui fit réponfe, que ce qu'il en faifoit n'étoit que pour demander raifon des droits de fa belle-fœur Madame la Ducheffe d'Orleans. N'étoit-ce pas la un beau fujet de reffentiment? pour détruire tant de beaux Edifices, & de Palais anciens qui s'étoient confervez jufques à nos jours, & qui fefoient l'admiration *di tutti li popoli della Chriftianità*.

MAZARIN.

Nò Santiffimo Padre, j'avoüe que le jeu n'en valoit pas la chandelle.

INNOCENT XI.

Ma afpettato uno poco Signore; & vous verrez bien d'autres tragedies.

MAZARIN.

Come dunque, comment donc?

INNOCENT XI.

Come, le fils ainé de l'Eglife ayant en vûë, comme je l'ai déja dit à vôtre Eminence, *de arrivare alla Monarchia Univerfalle*, avoit fi bien menagé les affaires en Angleterre *per lo mezzio*

* *mezzo de los Padres Jesuitas*, qu'il avoit mis sur le Trône vaquant , par la mort de Charles II. le Duc d'York son frere , lequel fut couronné Roi des trois Royaumes , sous le nom de Jaques II. , & cet infortuné Prince s'étant mis en tête , *per delettare lo figlivolo maggiore de la Chiesa de mutare le leggi* , de changer les loix pour faire plaisir au fils aîné de l'Eglise , è † *trabboccato & caduto del Trôno.*

MAZARIN.

Per Dio, *come questo* , comment cela ?

INNOCENT XI.

Come questo? da costui procede, che lo disgratiato Principe è trabboccato ; Il est arrivé, dis-je, que le pauvre Prince est tombé du Trône , & un autre plus sage que lui, à pris sa place.

MAZARIN.

Si piace a vi Signoria , Santissimo Padre , aprenez-moi le detail d'une si étrange revolution.

INNOCENT XI.

Si Signore vonlontieri, j'y consents volontiers, *ma in poco di parole.* Le fils aîné de l'Eglise , voyant donc que la fortune suivoit ses pas dans

K   tou-

* *Par le moyen.* † *S'est vû de Trône.*

toutes ſes entrepriſes , tandis que
d'un autre côté la pauvre Europe eſclave gemiſſoit ſous les peſantes chai-
nes qu'il lui feſoit porter ; & que tous
les Princes de la Chrêtienté , ne ſça-
chant où donner de la tête pour ſe
mettre à couvert de ſa crüelle domination , avoient enfin abandonné
leurs Etats à une malheureuſe deſtinée , qui leur donnoit déja des pre-
ſages aſſurez de leur ruine future.
Ce Monarque dis-je , l'eſprit rempli
de ſes proſperitez voulut pouſſer la
roüe juſques au bout de la carriere ,
dans la confiance , que les trois
Royaumes ſuivroient infailliblement
la rapidité de ſes conquêtes. Il ſe
voyoit Maître du Rhin , de l'Allemagne & des Princes de l'Empire ,
par l'irruption du Turc ; & enfin de
preſque toute la Flandre , & il ne
manquoit plus à ſa Monarchie Univerſelle que l'Angleterre , & les Provinces-Unies. Cependant ce n'étoit
pas aſſez que de s'être rendu Maître ,
par ſes careſſes des inclinations du
Roi Jaques ; il falloit encore aſſurer
le regne de ce Prince , par une poſterité qui lui fut devoüée, & qui lui donna le tems que demandoit un ouvrage.

(111)

d'une si grande importance, pour le
perfectionner.   Voici *uno monstro ,
cosa fuor di natura , venuto de lo In-
ferno.*

M A Z A R I N.

*Como questo , Santissimo Padre , si
piace , compito vostro discorso ?*

I N N O C E N T   X I.

Vergogna ; j'ai honte de le dire.

M A Z A R I N.

Ma si piace a vi Signoria. Mais je
prie vôtre Sainteté , *compito vostro
discorso ,* aprenez moi ce que c'est ?

I N N O C E N T   X I.

Vergogna , per tutti li Christiani ,
c'est une honte , dis-je , pour tous les
Chrêtiens.

M A Z A R I N.

Ma questo ; mais quoi donc ?

I N N N C E N T   X I.

Supposto Principe de Galles , le Prince de Galles supposé.

M A Z A R I N.

Comment , le Roi Jacques à supposé un fils , pour le faire succeder à
la Couronne ?

I N N O C E N T   X I.

Si Signore , à la persuasion du Roi
T. C. , & cette suposition lui à coûté
la Couronne , & causé la ruine de la

K 2   Re-

Religion Romaine dans les trois
Royaumes.

MAZARIN.

Per Diavolo, voila une deteftable
action. J'avoüe, que j'ai bien apris
au Roi T. C. des maximes, qui devoient contribuer à la gloire de fon
regne , & à l'agrandiffement de la
Monarchie Françoife ; mais jamais
rien de pareil , *monftruofo per lo figlivolo maggiore de la chiefa* , cela eft
tout-à-fait indigne du fils aîné de l'E-
glife.

INNOCENT XI.

Cela eft cependant arrivé *del mio
tempo*, & j'en ai apris tout le fecret,
& toute l'intrigue de mon Nonce,
qui étoit pour lors à Londres, & qui
auroit infailliblement été la victime
du peuple irrité, fi le Prince d'Orange par fa fage conduite ne l'eut empêché , dont je lui ai des grandes
obligations, & conferverai à jamais
la memoire d'un fi grand bien fait,
parce qu'il le merite fi Prince jamais
le merita.

MAZARIN.

Per Dio ! eft ce que le Prince d'O-
range, qui n'étoit encore qu'un en-
fant quand j'ai quitté le monde, eft
de-

devenu Roi des trois Royaumes?

INNOCENT XI.

Si Signore Mazarino.

MAZARIN.

O! Maraviglia, qu'elle merveil-
le; il faut avoüer que le monde est
un terrible Theatre, où il se joüe
bien de Tragedies, & où il arrive
bien d'étrangers revolutions.

INNOCENT XI.

Senza dubbio, Signore Mazarino;
& si vous en avez fait l'experience
pendant le peu de sejour que vôtre
Eminence a fait à la Cour de France,
depuis vôtre depart il en est arrivé
un si grand nombre d'autres, principalement pendant les 16. années de
mon Pontificat, que je n'aurois jamais fait, si je voulois vous les raporter toutes les unes aprés les autres.
Quoi qu'il en soit cette supposition,
à si bien demasqué la France & de-
couvert ses ruses, qu'elle à mis toute l'Europe en conbustion, desorte
que quand je suis parti de Rome tout
étoit en feu & en armes, & l'on ne par-
loit parmi les Princes Catholiques,
& Protestans que de vangeance, &
de ressentiment tant ils sont en cole-
re contre le fils aîné de l'Eglise, &

K 3 son

fon Allié le pauvre Roi detrôné, qui
ne fçachant ou donner de la tête,
s'eft enfin refugié à St. Germain, lui,
la Reine fon époufe, & *lo povero* * *fi-*
glivol de putana.

MAZARIN.
Voilà des terribles affaires.

INNOCENT XI.
Si Signore Mazarino, per certò cofe
grandi, qui ont allumé dans la Chrêtienté une guerre, qui ne fe termine-
ra, peut-être que par le bouleverfe-
ment *della Monarchia Franchezze.*

MAZARIN.
Come, per la diftruttione della Mo-
narchia Franchezze?

INNOCENT XI.
Si Signore, per la diftruttione della
Monarchia Franchezze.

MAZARIN.
Come quefto? comment cela?

INNOCENT XI.
Parce que tous les Princes Catholiques & Proteftans ont juré de ne
point mettre les armes bas, qu'ils
n'ayent ruiné la France ; & cela eft fi
vrai, qu'ils ont tous unanimement
figné une Ligue offenfive & deffenfi-
ve, avec ferment de ne point écouter

* *Le pauvre batard.*

ter de propositions de paix *che lo fi-*
glivolo maggiore de la Chiesa n'ait rendu à chaque Prince ce qu'il a usurpé
depuis le Traité des Pirennées, que
vous conclutes à l'Ile des Phaisans
avec Dom Louïs de Haro & Dom
Piementel, Plenipotentiaires d'Espagne.

MAZARIN.

Per Diavolo! si questo è vero, voila
un terrible pas de retrogradation que
le Roi T. C. sera obligé de faire?

INNOCENT XI.

Puisque ce Monarque est l'agres-
seur, il merite qu'on ne lui fasse
point de grace, & qu'on lui fasse porter la peine de tous les maux qu'il a
fait souffrir à la Chrêtienté pendant
son regne, *repentimento* à l'heure
qu'il est, je crois qu'il n'est pas à s'en
repentir.

MAZARIN.

Ma Santissimo Padre, n'en sera-t-il
pas de cette ligue, comme de toutes
celles qui se sont faites *del mio tempo.*
Je veux dire, le Roi T. C. ne trou-
vera-t-il pas le secret de desunir les
Princes qui la composent?

Nò Signore Mazarino. Il ne s'est
jamais

jamais vû d'union semblable à celle-
ci, & moi qui vous parle, avant que
de quitter le monde, j'ai exhorté
tous les Princes Catholiques de de-
meurer inseparablement unis avec les
Princes Protestans, en se moquant
des bruits *che lo figlivolo maggiore de la
Chiesa*, affectoit de repandre dans
toutes les Cours; savoir que la guerre presente étoitune guerre de Religion. Tant que j'ai été à Rome, cet
artifice ne lui a servi de rien, par le
soin que j'ai pris à détromper les
Princes Catholiques, & principalement l'Empereur, qui a toûjours à
ses oreilles une troupe *de los Padres
Jesuitas*, Emissaires de la France.
Si piacce à Dio, J'espere que mon suc-
cesseur sera animé du mêm zele que
moi, pour le repos *de tutti li Christiani, & de tutta la Christianità?*

M A Z A R I N.

Mais s'il m'est permis de dire
mon sentiment à cœur ouvert, n'auroit-il pas mieux vallu à vôtre Sainteté d'avoir employé tous ses soins
pour reconcilier le fils aîné de l'Eglise avec les autres Princes Chrétiens, à
l'exemple de Clement VIII. qui porta enfin par sa mediation Henri IV.
& Philippe II. à mettre les armes bas

par

par la Paix de Vervin, concluë en
l'année 1598. Ce sage Pontifice s'ac-
quit par là une gloire immortelle, &
fit tant par le moyen du Cardinal de
Florence Alexandre de Medecis son
Legat, qu'il députa à la Coûr de
Henri IV, de même que par le
moyen du Reverend Pere Frere Bo-
naventure Calatagironne, General de
l'Ordre de St. François, qui eut la
gloire de persuader le Prince Albert,
Cardinal & Archiduc d'Autriche,
neveu de Philippe II., qu'enfin il
donna la Paix à la Chrêtienté. Une
pareille conduite est, s'il me semble,
bien plus convenable au Pere commun des Chrêtiens, que celle qu'à
tenu vôtre Sainteté.

INNOCENT XI.

Nò Signore Mazarino, je l'ai dit
& je le repête encore, les affaires
étoient à un point, que si Dieu ne
m'avoit donné assez de force pour
pouvoir contrarier le Fils aîné de
l'Eglise, & lui faire tête, tous les
autres Princes Chrêtiens étoient per-
dus sans ressource. La Maison d'Autriche n'en pouvoit plus, & la liberté des autres Princes étoient pour
ainsi dire agonisante, & faisoit ses

          der-

derniers efforts ; de forte qu'à moins
d'un prompt fecours, & d'une revolution auffi miraculeufe que celle qui
vient d'arriver en Angleterre , par
l'élevation du Prince d'Orange fur le
Thrône , il étoit impoffible de les
pouvoir fauver ; & qui pis eft, c'eft
que l'efclavage de ceux-ci auroit été
fuivi inmancablement de celui de
tous les Princes Ultramontains , &
nôtre pauvre Italie n'auroit pas été
moins affervie à la domination Françoife , que les autres Etats de l'Europe. Cela étant ainfi , je confidere
l'union qui regne aujourd'hui entre
les Princes Catholiques & les Proteftans , comme un ouvrage pure-
ment de Dieu ; & ce qui me confir-
me d'autant plus dans cette opinion ,
c'eft que tous les artifices dont la
France s'eft fervi jufques à prefent ,
pour la rompre , n'ont contribué
qu'à la rendre plus étroite & plus inviolable.

M A Z A R I N.

Vôtre Sainteté eft donc dans l'o-
pinion , que cette union regnera jufques à la fin de la guerre , & que le
Fils aîné de l'Eglife fera enfin contraint de fuccomber , & de rendre à
chacun ce qui lui apartient.　　I N-

INNOCENT XI.

Je n'en doute nullement, & qui plus est, j'en suis si bien persuadé que le Roi T. C. faisoit déja des ofres de Paix trés-avantageuses avant mon départ du monde. Je sçai ce que le Cardinal d'Estréc m'a dit de bouche là-dessus de la part du Roi son Maître ; mais comme je ne voyois encore que des foibles aparances selon le monde, de pouvoir renger ce fier Monarque à la raison , parce qu'effectivement ses armes ont remporté des grands avantages dans les premieres campagnes, je me persuadois qu'il n'y auroit que la longueur de la guerre , & la perseverance des Princes de la ligue, qui lui dussent faire tomber les armes de la main, ce qui arrivera infailliblement si l'on suit mes conseils ; & que l'on n'écoute point de propositions de Paix que la France ne soit aux abois, & qu'elle ne soit ruinée par elle-même.

MAZARIN.

Si cela est ainsi la guerre durera long-tems selon toutes les apparences ; & si nous devons raisonner des choses à venir, par ce qui s'est passé de mon tems, l'experience nous a

fait

fait voir que la France a toûjours triomphé de ses ennemis malgré leur nombre & leur opiniatreté. Un Monarque aussi absolu dans ses Etats, que l'est le Roi T. C., qui a des armées nombreuses, des habilles Generaux pour les commander, & des sages Ministres dans le cabinet, se tirera toûjours d'affaires.

INNOCENT XI.

Cela va le mieux du monde, *Signore Mazarino;* mais comptez que *lo figlivolo maggiore de la Chiesa*, n'a plus des Mazarins pour premiers Ministres, qu'il a perdu d'ailleurs Jean Baptiste Colbert, cet habille fourgeron, qui avoit toûjours en main le secret de remplir ses coffres, & de tirer de l'argent des bources vuides du peuple par des inventions diaboliques. Outre ce grand Maltotier, le Roi T. C. a encore perdu depuis peu le Marquis de Louvois, son bras droit, & ne lui reste à present pour le cabinet que des Ministres sans experience. Les affaires de la guerre ne sont pas non plus dans le meilleur état du monde, les Turennes & les Condés ne vivent plus, & la mort de ces grands Capitaines

doit

doit faire verfer aujourd'hui des larmes à la France, qui ne tariront jamais ; il eft vrai qu'il femble que le
Roi T. C. ne les regrette pas beaucoup, pourvû qu'il plaife à Dieu de
lui vouloir conferver le Maréchal
de Luxembourg, en qui il met à prefent fes plus grandes efperances ; de
forte que l'on peut dire qu'il n'y a
plus que trois têtes qui regnent aujourd'hui en France, toutefois bien
differentes en merite, de celles qui
ont manié les affaires de vôtre tems,
ou depuis la mort de Colbert & de
Louvois.

INNOCENT XI.

Quelles font donc ces trois têtes à

MAZARIN.

Ces trois têtes font une femme &
un Jefuite, pour le cabinet, je veux
dire la Marquife de Maintenon, &
le R. P. la Chaize, n'eft-ce pas la un
beau confeil ? Pour la Guerre, il ne
refte plus que le Duc de Luxembourg ; ainfi voilà les trois colomnes
fur lefquelles toute la Monarchie
Françoife fe repofe aujourd'hui ; que
vôtre Eminence juge aprés cela des
fuites, & des évenemens qui arrive-
ront, fi un tel gouvernement conti-
nuë.

nuë. Pour moi je suis de l'opinion,
que si le fils aîné de l'Eglise ne se defait pas promptement de ces oiseaux
de mauvaise augure , il n'a qu'à
compter dés aujourd'hui sur la ruine
inévitable de sa Monarchie , les contre-tems qui viennent d'arriver lui en
donnent des presages assurez ; je
l'ai dit & je le repête encore, ce Monarque est un grand-Prince , & peut-
être le plus grand que la Monarchie
Françoise nous ait encore donné ,
mais le malheur veut qu'il ne sauroit
faire un pas qu'il ne prenne ces detestables Sirennes , qui par leur chant
melodieux lui inspirent aujourd'hui
tout le mal qu'il fait à l'Europe Chré-
tienne. La Maintenon & le Pere la
Chaize forment les resolutions dans
le cabinet , & le Maréchal de Luxembourg les execute , la torche ardente d'une main , & l'épée nuë de
l'autre. Cela étant ainsi, je ne trouve
point étrange que la moitié de l'Europe soit reduite en cendres ,. & que
l'on ne trouve dans tous les Etats
voisins de la France que des tristes
monumens de crüauté , de barbarie
& de desolation , *piangimento* ; je
passe sous silence la deplorable de-

scription

fcription d'un nombre infini de maux, qui me font horreur, & qui font les funeftes fuites d'une guerre la plus injufte qui fe foit jamais faite.

M A Z A R I N.

C'eft un pauvre confeil que celui des femmes & des Jefuites, & fi la France eft à prefent gouvernée, par de tels efprits j'avoüe quelle eft bien mal gouvernée. Je n'ai pas oublié les peines qu'elles m'ont donné dans le tems de mon Miniftere, auffi bien que les *Reverendiffimi Patres*, que j'ai toûjours taché de bannir du fecret de Cours, parce qu'effectivement ils font plus propres à gâter tout, qu'à donner des bons avis; quoiqu'il en foit, nous n'avons jamais été bon amis enfemble quand j'étois encore au monde; & même prefentement lorfque je me promene dans ces plaines Infernalles, & que je rencontre quelqu'un de ces bonets triangulaires, je les évite autant qu'il m'eft poffible. Quand au Maréchal de Luxembourg je n'ai ni bien, ni mal à dire de lui, je l'ai connu au monde encore bien jeune, & tout ce que j'ai jamais apris de lui, ce n'eft que de la bouche du Prince

de.

de Condé, sous lequel il faisoit son premier aprentissage dans le métier de la guerre ; il est vrai qu'il donnoit déja dans sa jeunesse des grandes esperances, mais aussi comme il étoit extremement libertin & enclin à la debauche, cela me faisoit juger, qu'il ne seroit jamais qu'un imprudent & emporté Capitaine, plus propre à faire du mal que du bien. Cependant ces sortes de genies ne sont pas tout à fait à rejetter dans l'Art Militaire, & si j'en dois croire le raport d'un grand nombre d'Officiers François morts à la Bataille de Fleurus, & que je rencontrai dans ces plaines comme ils sortoient de la Barque du vieux Caron, j'avoüe qu'il est devenu un grand Capitaine, & que la conduite qu'il tint dans cette action, ne doit rien à l'experience consommée ni à la sage conduite des Turennes & des Condés ses premiers maîtres ; il a même cela de particulier, ajoûtoient ces infortunées ames, que rien n'est capable d'ébranler son intrepidité, & que l'on le voit l'épée à la main courir dans le champ de Mars, & s'exposer aux plus grands perils, comme le dernier de ses Soldats.

INNOCENT XI.

J'entends une voix qui m'appelle ; ainsi il faut nous separer. A Dios Signore Mazarino, Dio ti...